Denise

TEL QUE JE SUIS MAINTENANT

Sylvain Charron

ÉVANGÉLISATION
2000
ÉDITION CATHOLIQUE

ÉVANGÉLISATION
2000 ✠
ÉDITION CATHOLIQUE

par Édimag inc.
pour Évangélisation 2000

C.P. 325, Succursale Rosemont
Montréal, Canada H1X 3B8
Téléphone: (514) 522-2244
Télécopieur: (514) 522-6301
Courrier électronique: pnadeau@edimag.com

Éditeur: Pierre Nadeau
Mise en pages et couverture: Le Trafiquant d'images
Révision et correction: Denis René et Karine Moniqui
Photo de couverture: René Robitaille
Maquillage: Macha Colas
Photos intérieures: Collection personnelle

Dépôt légal: Premier trimestre 1998
Bibliothèque nationale du Québec
Bibliothèque nationale du Canada

© 1998 Édimag inc., 1998
Tous droits réservés pour tous pays
ISBN: 2-921735-35-0

TABLE DES MATIÈRES

Je dédie ce livre à papa et maman.
Merci de votre amour...
Merci de m'avoir appris à aimer les autres
tels qu'ils sont!

DISTRIBUTEURS EXCLUSIFS

Pour le Canada et les États-Unis
Les Messageries **adp**
955, rue Amherst
Montréal (Québec) H2L 3K4
Téléphone : (514) 523-1182
Télécopieur : (514) 939-0406

Pour la Suisse
Transat S.A.
Route des Jeunes, 4 Ter
C.P. 1210
1211 Genève 26
Téléphone : (41-22) 342-77-40
Télécopieur : (41-22) 343-46-46

Pour la France et la Belgique
Diffusion Dilisco
122, rue Marcel Hartmann
94200 Ivry sur Seine
Téléphone : 49-59-50-50
Télécopieur : 46-71-05-06

É voquer le nom de Sylvain, c'est pour moi sourire à la grande aventure folle d'audace qu'est ÉVANGÉLISATION 2000. Il y a trois ans, il me suggérait d'animer une soirée de proclamation de la Parole. On ne se doutait pas que c'était la première d'une centaine qui devait suivre partout au Québec et en Ontario et qui constituait les bases d'ÉVANGÉLISATION 2000.

Jour après jour, en côtoyant Sylvain, j'en ai fait mon ami. Discussion, partage, prière, inquiétude, divergence : on a tout partagé dans un grand climat de vérité qui fut le ciment de cette amitié entre nous qui ne s'est jamais démentie ! Avec nos deux tempéraments forts et entreprenants, on a réussi à toujours garder entre nous une paix et une harmonie qui tiennent du miracle !

Sylvain est un volcan d'idées et de mise en place dans l'organisation. J'ai toujours admiré chez lui cette grande qualité. Il fonce et n'a pas peur ! C'est ce qui fait que je me sens si proche de lui. Ensemble, on a osé des actes de foi qui, humainement, n'avaient aucun sens. Mais notre solidarité et la vérité de nos réactions ont été le secret de cette grande aventure de providence qui rejoint des dizaines de milliers de personnes.

Il est bon de savoir ce qui vibre dans le cœur de ce laïc qui a la foi tout en ayant faim d'une Église cohérente et ajustée au message du Libérateur, Jésus-Christ vivant !

Que la lecture de ces pages vous stimule à vous rendre compte que le projet de Dieu, au fond de chacun de nous, est possible et demande qu'on s'y investisse.

C'est ce qu'a fait Sylvain jusqu'à maintenant et c'est, j'en suis certain, ce qu'il fera jusqu'à la fin !

Que ces pages vous fassent connaître cet ami important dans ma vie et vous donnent le goût de l'élan du Ressuscité.

Jean Ravary, prêtre

PROLOGUE
du pasteur Georges Legault

« Recevoir Jésus vivant dans son cœur et de l'accepter comme sauveur personnel» est certes la chose la plus importante qui soit! En tant que protestant-évangélique, je me réjouis de cette affirmation retrouvée dans ces pages. Oui, Jésus est venu pour sauver et non pour juger! Le rencontrer personnellement est la solution à tous les maux humains. C'est le message qu'ont proclamé les Protestants-évangéliques depuis des siècles. Pourtant, jamais ne pourrons-nous déclarer que nous avons été les seuls porteurs!

La Bonne Nouvelle de la Vie Éternelle en Jésus-Christ est proclamée haut et fort par l'équipe d'ÉVAN-GÉLISATION 2000. La vie des milliers de personnes qui assistent aux soirées d'évangélisation et des centaines de milliers qui écoutent l'émission de télévision est à tout jamais marquée par la parole de Dieu qui y est proclamée et par l'invitation qui y est donnée de choisir Jésus et Sa Parole.

Ce qui saute aux yeux du lecteur de ce livre est l'ardent désir qui habite Sylvain de faire connaître à tous «Son» merveilleux Sauveur. Lorsqu'une personne, comme Sylvain, rencontre Dieu et prend le temps de Le découvrir, elle commence à discerner ce qui «fait battre le cœur de Dieu» *qui veut que tous les hommes soient sauvés et parviennent à connaître la vérité (1 Timothée 2,4).*

Chers lecteurs, dans les pages qui suivent vous allez rencontrer Sylvain, Jean et le reste de la belle équipe d'ÉVANGÉLISATION 2000. Vous allez être frappés par ce qui motive leur «choix de carrière», mais surtout, vous serez introduit à LA PERSONNE qui a tout «chambarder» leur vie.

MALGRÉ

Malgré la plaie que la vie m'a faite au cœur
malgré la blessure qui coule toujours de mon enfance
malgré la douleur sur mon dos qui lancine
malgré la souffrance que mes amis clouent chaque jour
sur mon âme

Je te dirai le secret de la Joie
je te parlerai encore du bonheur
je te crierai Paix avec la voix de mes larmes
j'affirmerai que Dieu est Amour

Malgré ma fragilité, mes misères, ma faiblesse
malgré mes chutes, mon orgueil, mes désirs insensés
malgré les ans qui passent et qui ne me changent pas
malgré la pluie du péché collé contre ma chair
qui saigne

Je dirai Oui à la Vie
je te parlerai des merveilles de l'âme
je te crierai toutes les Béatitudes
j'affirmerai que Dieu est Amour

Malgré les bombes qui éclatent
malgré les villes d'acier polluées de tristesse
malgré la terre qui pleure en gémissant
malgré les hommes mes frères qui se battent dans
leur propre maison

Je t'annoncerai la Bonne Nouvelle
Je te parlerai du Saint Évangile
et par-delà toutes les souffrances humaines
le Sang de la Croix et la Couronne d'épines

J'écrirai sur ton cœur
avec le sang de ma vie
que l'Amour est venu
et qu'Il se nomme Jésus-Christ

Au Cœur De La Misère,
La Miséricorde
André Daigneault, prêtre
Éditions Le Renouveau

INTRODUCTION

Plusieurs personnes se posent des questions sur l'œuvre ÉVANGÉLISATION 2000. Quand vous présentez une émission de télévision, sur le réseau TVA tous les dimanches à 11 h 00, 52 semaines par année, quand vous donnez une trentaine de soirées d'évangélisation partout au Québec et dans le nord de l'Ontario chaque année, vous êtes susceptible de vous faire poser des questions. Je vous présente ce livre dans le but premier de faire connaître l'Évangile et le Christ à un plus grand nombre de gens possible mais aussi pour répondre à toutes les questions, pour bien expliquer l'œuvre que nous menons et pour vous présenter ÉVANGÉLISATION 2000.

Dans un premier temps, je me présente. Je fais un court portrait de qui je suis, de ma démarche et de mon engagement. Puis, je vous présente l'abbé Jean Ravary, un homme d'une simplicité et d'un charisme incroyables qui peut nous parler de l'Évangile avec tellement de passion, l'homme avec qui j'ai mis sur pied ÉVANGÉLISATION 2000.

Puis, dans un deuxième temps, je vous explique la philosophie et le travail d'ÉVANGÉLISATION 2000. Vous pourrez prendre connaissance de nos buts à atteindre, de nos rêves et surtout, de l'enseignement. Dans ce chapitre, j'insiste sur l'importance de l'œcuménisme de notre œuvre. ÉVANGÉLISATION 2000 est une œuvre catholique, mais nous voulons ouvrir le dialogue avec les protestants de toutes les dénominations. Vous pourrez donc mieux comprendre notre engagement à ce niveau.

Le Christ, s'il revenait sur terre, ne siégerait sans doute pas au gouvernement, il ne serait pas président directeur général d'une grosse entreprise et ne siégerait sûrement pas sur de nombreux conseils d'administration. Si Jésus revenait sur terre, il serait sans doute avec les sans-abri, avec les gens pauvres. Il prendrait peut-être un café ou même une bière avec les plus démunis. Dans ce chapitre, nous parlerons donc des exclus et des marginaux de notre société, mais aussi de l'importance que notre œuvre donne à ces gens qui ont besoin d'aide et d'encouragements dans la vie. Avec des exemples à l'appui, on verra comment on peut faire notre part pour les exclus, les mal-aimés de notre société et comment nous pouvons leur venir en aide.

Nous consacrerons un chapitre sur toutes les réalisations d'ÉVANGÉLISATION 2000. Depuis sa fondation en 1995, nous avons réalisé une foule de choses, des petites, toujours très importantes, mais aussi de grandes réalisations telle la mise sur pied d'une émission de télévision hebdomadaire dont nous sommes très fiers. Cette émission du dimanche matin sur les ondes de TVA n'aurait jamais pu voir le jour sans la foule de petites réalisations que nous avons accomplies au cours de nos trois premières années de fonctionnement.

Si nous sommes fiers de ce que nous avons fait jusqu'ici, il ne faut pas que cela arrête. Dans un autre chapitre, nous vous parlerons de nos projets. Ils sont nombreux, importants et ambitieux. Évidemment, nous visons toujours le même but, soit de faire en sorte que l'Évangile prenne de plus en plus de place dans notre vie. Plus nous parviendrons à rejoindre les gens, plus nous serons satisfaits de notre travail. Ce travail ne peut pas se faire seul et vous verrez, dans ce chapitre sur les projets d'ÉVANGÉLISATION 2000, que la tâche qui nous attend, bien que passionnante, n'est pas mince.

Finalement, dans un souci de transparence, nous vous ouvrons nos livres. Au niveau financier, ÉVAN-GÉLISATION 2000 n'a rien à cacher. C'est important de bien expliquer comment nous fonctionnons financièrement pour effacer tous les doutes qui peuvent apparaître dans la tête de certaines personnes. Nous vous expliquerons donc comment nous fonctionnons, comment nous travaillons. Nous ferons aussi part de nos besoins, de nos méthodes de financement et de la surveillance, que nous acceptons avec plaisir, exercée sur cette œuvre.

Et pour terminer, nous vous présenterons notre équipe dynamique. Il est important de rendre hommage à ces gens qui travaillent dans l'ombre et sans qui ÉVANGÉLISATION 2000 n'existerait pas.

QUI EST SYLVAIN CHARRON ?

Lorsqu'on m'a proposé d'écrire un livre sur L'ÉVANGÉLISATION 2000, je me suis posé des questions importantes, dont deux essentielles. Premièrement, est-ce qu'il vaut vraiment la peine que je raconte ma démarche personnelle, mon témoignage pour expliquer la mise sur pied d'ÉVANGÉLISATION 2000 ? Deuxièmement, est-ce que ce livre peut faire avancer notre cause, celle de faire connaître l'Évangile à un plus grand nombre de gens possible, et pas uniquement aux catholiques pratiquants ? Il a été très facile, pour moi, de répondre à la deuxième question. Si un livre peut permettre à ÉVANGÉLISATION 2000 de se faire connaître et surtout, de faire connaître son message au plus grand nombre de gens, j'embarque à 100 %. Par contre, je me suis interrogé plus longuement sur la pertinence de raconter ma démarche. J'ai finalement pris conscience que les gens, me voyant toutes les semaines à la télévision et ne connaissant pas vraiment mon parcours personnel, devaient bien se demander qui j'étais, comment pouvais-je parler ainsi au nom d'ÉVANGÉLISATION 2000. Et comme je me fais souvent poser des questions sur ma démarche, mon évolution spirituelle, j'ai accepté d'écrire ce livre. Les gens veulent en savoir un peu plus sur moi, sur ma foi, mon enseignement, mais aussi sur ma vie. J'ai donc accepté, avant de parler d'ÉVANGÉLISATION 2000, de raconter ma démarche.

Ne vous inquiétez pas, il ne s'agit pas de la biographie de Sylvain Charron que vous tenez entre vos mains. Si j'accepte de parler de mon évolution spirituelle qui m'a mené, avec l'abbé Jean Ravary, à fonder ÉVANGÉLISATION 2000, ce n'est pas pour parler de moi, mais bien pour présenter l'œuvre qui nous tient tellement à cœur. Si j'ouvre mon cœur et mon âme, je veux aussi et surtout parler de nos rêves, de nos espoirs, de notre philosophie et de notre grande motivation à faire connaître la parole de Jésus à travers son enseignement. ÉVANGÉLISATION 2000 est avant tout un enseignement, l'enseignement laissé par Celui qui a marqué de sa mort et de sa résurrection son passage sur terre: le Christ.

MES ORIGINES

Je me nomme Sylvain Charron, j'ai 32 ans. Il n'est pas facile de se décrire. Je me considère comme un homme sensible, qui s'émeut facilement, qui adore les enfants et qui, surtout, respecte les gens. Je dois aussi vous dire que j'affectionne particulièrement les animaux. J'ai un tempérament de fonceur et je ne tolère pas l'incompétence. Je me dis qu'en choisissant Jésus-Christ comme patron, on n'a pas le droit de faire les choses à moitié. Il faut tendre à la perfection. J'ai aussi des défauts. Je suis excessif, quelquefois impatient. On dirait que les choses ne vont jamais assez vite à mon goût.

Je suis né à l'hôpital de Coaticook le 29 mars 1966. J'ai passé toute mon enfance dans le petit village de Stanstead, dans les Cantons de l'Est. Mes parents, Jean et Louise, ont eu deux enfants, moi, l'aîné, et mon frère Denis. Nous formions une famille normale, sans histoire. À cette époque, quand mon frère et moi étions jeunes, mes parents n'étaient pas des gens très pratiquants. Ils n'allaient pas à la messe et ne nous enseignaient pas les principes de la religion catholique. Comme tous les petits Québécois, nous avons été baptisés, mais la religion n'était pas un sujet de conversation à la maison. Malgré cette presque absence de Dieu dans la maison familiale, je me souviens très bien que vers l'âge de quatre ou cinq ans, et ma mère me le rappelle souvent aujourd'hui, je posais beaucoup de questions quant à l'existence de Dieu. Je voulais savoir qui Il était. J'étais curieux de tout savoir sur Dieu, malgré mon jeune âge. Avec le recul, je comprends un peu mieux aujourd'hui ma démarche.

J'ai fait mes études à l'école des Sœurs Ursulines de Stanstead. J'étais un bon étudiant, très solitaire, sans beaucoup d'amis et pas du tout sportif. J'étais surtout curieux, curieux de tout.

L'ÉSOTÉRISME
Cette curiosité prendra de l'ampleur quand, vers l'âge de 15 ans, je me suis jeté à corps perdu dans l'ésotérisme. Je sais aujourd'hui que je cherchais une lumière et je croyais vraiment l'avoir trouvée, ou du moins je me pensais dans la bonne direction pour la trouver. Pour vous donner un exemple, mon livre de chevet était *La*

puissance de votre subconscient. L'auteur de ce livre disait que nous étions les seuls maîtres de notre destin, que rien ne pouvait nous arriver, que nous pouvions contrôler notre vie comme nous le désirions. Mes parents me mettaient en garde tout en me laissant ma liberté. Je croyais vraiment posséder la vérité. Je devais cependant recevoir un signe extérieur qui devait me faire réfléchir.

Moi qui pensais contrôler parfaitement ma vie uniquement par la force de mon subconscient, j'ai été victime d'un très grave accident d'automobile. Le véhicule a fait plusieurs tonneaux et, s'il en avait fait un de plus, j'aurais perdu la vie. J'ai compris à ce moment-là que ma vie ne tenait qu'à un fil, que je n'étais pas nécessairement maître de tout ce qui pouvait se produire, qu'il pouvait y avoir un être supérieur au-dessus de moi, que ma vie finalement était entre les mains de quelqu'un de plus fort. Je ne dis pas que cet accident fut un signe que Dieu voulait m'envoyer, mais j'ai vraiment pris conscience que mon subconscient ne pouvait pas tout régir pour moi, qu'il y avait une force bien au-delà de mes prétentions.

J'ai toujours été un être entier, un peu excessif qui, lorsqu'il se lance dans une aventure, fonce tête première. À 17 ans, j'ai quitté la maison familiale et mon village de Stanstead. Il n'y avait pas de conflits majeurs à la maison, je m'entendais bien avec mes parents, je n'étais pas une graine de délinquant, mais je voulais faire ma vie. Je trouvais mon village trop petit pour réaliser tout ce que j'avais en tête. Je suis donc allé vivre à Québec où j'ai rencontré Christian Beaulieu, un prêtre. J'ai pu travailler pour la revue *Je crois*, je gagnais assez bien ma vie, mais je cherchais toujours la vérité. Mon travail à la revue *Je crois* m'apportait beaucoup de satisfaction, mais il me manquait toujours quelque chose. Puis j'ai été déçu par l'Église. C'est à ce moment-là que je me suis lancé vraiment à corps perdu dans l'ésotérisme.

Cette période de ma vie fut très fructueuse au point de vue social et financier. Je gagnais passablement d'argent en organisant des soirées avec des voyants et des voyantes. Je travaillais beaucoup cependant. Je pouvais remplir facilement une salle et on me payait bien pour le faire. Mais, il y avait toujours en moi une grande insatisfaction, un goût de mort, un vide intérieur et surtout, j'étais envahi par une grande culpabilité.

UN ÉVÉNEMENT MAJEUR

Un événement devait me faire prendre conscience que je n'avais vraiment pas choisi la bonne voie. Malgré un niveau de vie intéressant pour un jeune homme dans la vingtaine, ce vide intérieur me laissait amer, triste. Le hasard, ou une force inconnue, a mis sur ma route une voyante qui a vraiment fait que je me suis rendu compte que j'étais engagé sur un chemin tortueux, pas du tout fait pour moi. Je me suis occupé, pendant un certain temps, de cette voyante qui pouvait entrer en transe et qui pouvait, par un phénomène encore inexpliqué, devenir une autre personne et raconter le passé et l'avenir des gens qui venaient la visiter. Quand elle entrait en transe, la voix de cette personne changeait. Elle prenait une voix grave, une voix d'homme et elle prédisait des choses incroyables, souvent vraies, inquiétantes aussi. La transe de cette personne, pendant qu'elle rencontrait des gens, pouvait durer 45 minutes, le temps approximatif d'une consultation. Quelques instants avant que sa transe se termine, le personnage qui l'habitait disait toujours : «Je n'ai plus d'énergie, je dois vous quitter.»

Un jour, une femme qui voulait consulter cette voyante me raconte qu'elle a un mauvais pressentiment. Elle se demandait si cette voyante en question, quand elle entrait en transe, quand elle sortait cette voix grave d'homme du fond de son être n'était pas habitée d'un mauvais esprit. Personnellement, depuis un certain temps déjà, je n'étais plus bien dans ce travail. Toujours envahi par un sentiment de culpabilité, je me demandais continuellement si je venais en aide aux gens en leur faisant rencontrer cette femme. Je ne sais pas pourquoi, mais j'ai conseillé à la cliente en question de prier pendant sa consultation, de ne pas cesser de parler à Dieu pendant toute la consultation. Un phénomène assez spécial s'est produit alors. Durant cette entrevue avec la voyante, la cliente a prié. Quelques minutes seulement après le début de la consultation, la voix de la voyante se mit à dire qu'elle n'avait plus d'énergie, qu'elle ne pouvait plus continuer !

MA RETRAITE FERMÉE

Je ne peux pas dire que cette voyante était habitée par un mauvais esprit, par Lucifer ou le démon, mais cette expérience devait être déterminante pour moi. Quelques semaines plus tard, j'allais faire une retraite fermée d'une semaine à Saint-Benoît-du-Lac, chez les moines. Ma vie venait de changer complètement.

Pendant une semaine, en mars 1995 plus exactement, je me suis posé des questions. J'ai fait un retour sur ma vie. J'ai parlé avec un moine qui m'a vraiment aidé. Je dois ma vie à cet homme. Même si cette semaine m'a beaucoup apporté au niveau individuel, l'expérience fut très difficile. Moi qui n'avais jamais vraiment pleuré, je pleurais presque chaque jour. Je priais, je demandais la grâce de Dieu. Puis, m'adressant au

Seigneur, je lui ai dit : «Si tu me redonnes la vie, je te donne la mienne.»

Après une semaine d'interrogation, de remise en question, de prières et de réflexion, j'ai su exactement ce qu'il me restait à faire. Je devais mettre ma vie entre les mains de Dieu. Je n'ai pas eu de vision, mais je savais que je devais mettre mes talents au service de l'Évangile. J'avais été saisi par l'amour de Jésus. Ma vie ne serait plus jamais la même. J'avais enfin rencontré Celui que mon cœur cherchait.

Comme je possédais un talent d'organisateur, dès la sortie de ma semaine à Saint-Benoît-du-Lac, je savais exactement ce qu'il me restait à faire : proclamer l'Évangile à toutes les nations. J'ai communiqué avec Christian Beaulieu, un prêtre que je connaissais bien et je lui ai fait part de mon projet. Je me disais que ce n'est pas parce que les gens, les jeunes surtout, ne vont plus à l'église qu'ils n'ont plus la foi. Je voulais donner une chance aux gens de venir rencontrer Dieu grâce à un prêtre qui nous enseignerait la parole de Jésus. J'avais aussi mon idée en tête. Je me suis toujours demandé pourquoi l'Église faisait toujours tout à rabais quand venait le temps de célébrer la parole de Dieu.

Il faut ici que je raconte comment ce projet, au niveau financier, a pu voir le jour. Je crois sincèrement à la Providence et elle s'est manifestée ce jour-là. Un ami, non croyant à l'époque, qui possède un peu d'argent, a accepté de me passer 10 000 $ pour démarrer ce projet. Il ne voulait rien en retour, il ne me fixait pas de délai pour lui remettre son argent, il ne me chargeait aucun intérêt. C'est grâce à cet ami que j'ai pu réaliser ma première soirée d'Évangélisation.

Mais un cadeau semblable n'arrive jamais seul. L'abbé Beaulieu m'a fait un autre magnifique cadeau. Comme il croyait en ce projet d'évangélisation, il m'a mis en contact avec Jean Ravary. Je ne connaissais pas Jean avant cette fameuse rencontre du printemps 1995. Il a accepté de donner une conférence à Sherbrooke, une seule conférence. Nous avons loué la salle Maurice-O'Bready et, à notre grande surprise, sans vraiment de gros moyens, cette première soirée a attiré plus de 1 200 personnes. Et les gens nous en redemandaient. C'est ainsi que les soirées ÉVANGÉLISATION 2000 ont débuté.

Dans ma tête, je voulais célébrer le Seigneur, mais pas à rabais. Je me suis toujours demandé pourquoi les artistes mettaient «le paquet» dans un spectacle pour attirer les gens mais quand vient le temps de parler de Jésus, on le fait discrètement, sans éclat. Pour servir Jésus-Christ et proclamer sa parole il nous faut faire de belles choses. Il faut rendre la parole de Dieu accessible à tous dans un contexte joyeux, dans un contexte de fête. C'était mon objectif quand j'ai parlé de mon projet à Jean Ravary.

Le phénomène a pris plus d'ampleur que nous-mêmes aurions pu l'imaginer. Après cette première soirée à la salle Maurice-O'Bready, la demande est devenue très forte. Cette soirée d'évangélisation qui ne devait se produire, avec Jean, qu'une seule fois, est devenue un véritable phénomène. La première année, soit en 1995, nous avons donné 23 soirées, plus de deux soirées par mois un peu partout au Québec.

LES BUTS VISÉS

On verra un peu plus loin dans ce livre les objectifs d'ÉVANGÉLISATION 2000, son enseignement et nos espoirs. Mais, au tout début, nous visions deux buts précis. Il s'agit encore de nos deux buts les plus importants. Le premier consiste à rebâtir le tissu déchiré de la foi. Même si les gens ne pratiquent plus, ils ont la foi. La foi ne doit pas brimer notre liberté, au contraire, elle doit nous mener vers la vraie liberté des enfants de Dieu. Au début, et encore aujourd'hui, on suscitait une certaine curiosité. Mais Jean Ravary et moi, on se disait que si les gens viennent, les jeunes surtout, Dieu va faire le reste du travail. Il faut faire notre propre bout de chemin et Dieu, dans sa bonté, s'occupera du reste.

On nous a reproché quelquefois de faire de la religion du show-business. Si nous rejoignons des gens, tant mieux. Il faut que ça bouge, la parole de Dieu n'est pas ennuyeuse. On ne voit pas pourquoi il faudrait rendre nos soirées endormantes, peu intéressantes. Et à ce niveau, Jean est un magnifique prédicateur, vivant, plein d'humour, qui sait comment transmettre le message de Dieu. On a souvent l'impression que Dieu fait son chemin dans la tête et le cœur des gens.

Le deuxième but visé par nos soirées (on parlera de l'émission de télévision dans un chapitre ultérieur) est la conscientisation sociale et la bonté. Nous voulons tendre la main à tout le monde et non pas uniquement aux catholiques. Il est bien certain que la très grande majorité des gens qui assistent aux soirée d'ÉVANGÉLISATION 2000 sont des catholiques, mais on tente de leur dire que le temps des chicanes est terminé. Il faut arrêter, entre chrétiens, de se chicaner.

SURVEILLÉS PAR L'ÉGLISE TRADITIONNELLE

Depuis, trois ans, soit depuis notre première soirée d'évangélisation, tout n'a pas toujours été facile. Il a fallu convaincre bien des gens de notre bonne foi. Personnellement, comme je venais du milieu de l'ésotérisme qui, il faut que je l'admette, n'est pas très bien vu par l'Église catholique, et avec raison, il a fallu que je fournisse des explications. Aujourd'hui, je dénonce l'ésotérisme, je m'explique, je raconte mon cheminement. De toute façon, je n'ai pas tellement le choix parce que bien des gens m'ont déjà vu quelque part. Ils me disent souvent : «Il me semble que je vous ai déjà vu.» Je n'ai pas à mentir, je leur dis la vérité pour être en paix avec moi.

Il faut imaginer maintenant comment les évêques ont réagi quand ils ont vu qu'ÉVANGÉLISATION 2000 connaissait autant de succès. Il est parfois difficile pour les autorités de l'Église d'approuver un projet qui jaillit du cœur d'un laïc. Ils connaissent bien Jean Ravary, ils lui font confiance, mais ils veulent savoir comment notre œuvre va s'élaborer. Après trois ans d'existence, le cas d'ÉVANGÉLISATION 2000 a fait partie de l'ordre du jour de l'Assemblée des Évêques du Québec. L'Église est toujours craintive face aux initiatives de ses fidèles laïcs. Il s'agit d'une grosse machine difficile à faire bouger. L'Église catholique, c'est une énorme bureaucratie. Il faut dire, comme je le disais au début du chapitre, que je trouve que les choses ne vont jamais assez vite. Personnellement, je trouve que l'Église manque parfois de foi en la Providence. Mais en ce qui concerne ÉVANGÉLISATION 2000, les évêques ont dit que si cet organisme était une œuvre de l'Esprit Saint, il fallait la laisser grandir.

POURQUOI DEMEURER LAÏC ?

Bien des gens me demandent pourquoi je n'ai pas choisi de devenir prêtre. J'y ai longtemps pensé.

D'ailleurs, lors de ma semaine de réflexion à Saint-Benoît-du-Lac, j'ai pensé entrer dans les Ordres. J'y pensais encore il y a deux ans, mais j'ai décidé de demeurer laïc. Avec mon tempérament, je ne crois pas que le Seigneur m'appelle à devenir prêtre. Je veux demeurer libre face à mes idées et face à ma foi. Je ne parle pas ainsi pour dénigrer l'Église. À 32 ans, je me connais suffisamment pour savoir que mes prises de position et mon caractère assez fonceur ne seraient pas toujours en accord avec les autorités de l'Église. Cela dit, il ne faut pas croire que je suis en guerre contre l'Église. Bien au contraire, je pense qu'il y a de la place pour les laïcs dans l'Église catholique. Le fait de proclamer l'Évangile n'est pas réservé seulement au clergé. Cette Église, je l'aime car elle est le projet de Jésus. Cependant, quelquefois, j'ai mal à mon Église! Peut-être parce que je rêve d'une Église pleine d'audace et qui, avant de parler de règlements, nous parlera de Jésus et de son amour pour chacun de nous. Si vous saviez comme j'admire le pape Jean-Paul II. Cet homme est un vrai prophète des temps modernes. Il ne dilue pas l'Évangile. Il nous fait prendre conscience que la Bonne Nouvelle de Jésus est aussi actuelle aujourd'hui qu'il y a 2000 ans. Les jeunes d'aujourd'hui veulent connaître Jésus et l'aimer profondément. Mais quand je vois certaines célébrations eucharistiques sans vie et sans joie, je comprends les jeunes et les moins jeunes d'avoir déserté la pratique dominicale. C'est pourquoi je vais parfois, incognito, dans certaines paroisses et j'ai de la peine de voir certains fidèles «blasés». La parole de Dieu ne semble plus les toucher. Comme c'est triste que beaucoup de chrétiens aient perdu cet enthousiasme des enfants de Dieu. Le grand problème actuellement, c'est que la majorité d'entre nous avons été baptisés et confirmés, mais un grand nombre de personnes n'ont jamais fait une rencontre personnelle avec Jésus. Quand nous vivons cette rencontre, plus rien n'est pareil. Tout change. Le passé est terminé. Nous sommes saisis de l'intérieur par ce Dieu si extraordinaire. Je souhaite à chacun de recevoir Jésus vivant dans son cœur et de l'accepter comme sauveur personnel. Prenons conscience que Jésus, ce n'est pas seulement un cours de catéchèse, un cours de théologie, une philosophie ou une religion... Jésus, c'est d'abord et avant tout Quelqu'un de vivant. C'est celui qui a vaincu la mort! Et il nous promet la vie éternelle. Si seulement nous pouvions réaliser à quel point Il nous aime, notre vie toute entière en serait transformée. Lorsque nous allons à l'église, il ne faut pas y aller par obligation ou par habitude, mais par amour pour Celui qui nous a tout donné... jusqu'à sa vie pour nous sauver. Grâce à Lui, le vrai bonheur est possible. Grâce à Lui, nous sommes enfin libres de tout esclavage. Il nous faut redonner à toute manifestation de la foi, une image de joie et non de mort. N'oublions pas que nous célébrons le Ressuscité et non pas un homme mort. Lorsque l'on prend conscience que plus de 95 % des gens ne pratiquent plus, il faut nous demander intérieurement et honnêtement : «Mais qu'est-ce qui a fait fuir tous ces gens hors de l'Église?» C'est pourquoi nous devons faire tout ce qui est possible pour rejoindre ce 95 % des gens qui ont toujours la foi en Jésus, mais dont il faut rallumer la flamme... Et c'est de notre responsabilité en tant que croyant en Jésus. Nous n'avons pas le droit de garder cette Bonne Nouvelle pour nous. Je prie le Seigneur de nous donner l'audace des premiers Chrétiens qui n'avaient pas peur de crier à tous qu'ils avaient rencontrer le Ressuscité.

J'ai maintenant suffisamment parlé de moi. Il est important que je vous parle maintenant de ce qui me tient le plus à cœur, de ma raison de vivre: ÉVANGÉLISATION 2000. Un peu plus loin dans ce livre, je vous parlerai de toute l'organisation de l'œuvre, du financement, des bénévoles. Je tiens à ce que les choses soient bien claires. Mais, pour l'instant, je veux vous parler d'ÉVANGÉLISATION 2000: des rêves, des espoirs, des projets.

*Une de mes pre-
mières photos à
l'âge de 13 mois et
trois semaines.*

*Même si mes parents,
à une certaine époque,
ne pratiquaient pas
beaucoup leur religion,
ils tenaient à
me faire baptiser.*

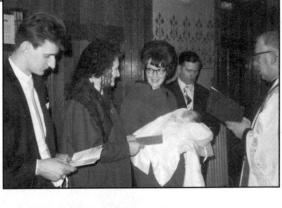

*Quand j'avais deux ans,
chez mes parents à Stanstead.*

*Chez mes parents
à l'âge de 4 ans.*

*La célébration de l'eucharistie chez mes parents à
Stanstead, avec mon ami l'abbé Jean Ravary.*

Mon frère Denis et son fils Kevin.

*Mes parents, à qui
je dédie ce livre:
ma mère Louise et
mon père Jean.*

*Mon frère Denis,
mon père Jean et
moi-même à
la maison familiale.*

*Juste avant une soirée
d'évangélisation à
Sherbrooke avec
mon neveu Kevin.*

Cette photo a été prise lors d'un pèlerinage à Fatima au mois d'août 1997.

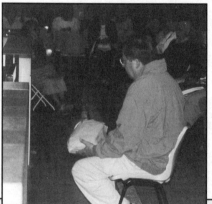

L'abbé Jean Ravary présente les intentions de prière du public à la Vierge à Fatima.

Le sanctuaire de Fatima.

Je prépare mes notes avant une soirée d'évangélisation à Trois-Rivières.

L'abbé Jean Ravary et moi-même avant un enregistrement à TVA

Lors d'une visite en Martinique avec le père Yvon Samson. Nous sommes devant une station de radio religieuse.

Je livre mon message de foi à la radio, en Martinique.

Chapitre 2

ÉVANGÉLISATION 2000

J'ai entendu un prêtre qui vivait l'Évangile,
prêcher l'Évangile.
Les petits, les pauvres ont été
enthousiasmés,
les grands, les riches ont été scandalisés.
Et j'ai pensé
qu'il ne faudrait pas prêcher
longtemps l'Évangile
pour que beaucoup
de ceux qui fréquentent les églises
s'en éloignent
et ceux qui les détestent
les emplissent.
J'ai pensé que c'est un mauvais signe
pour un chrétien
d'être estimé par les «gens biens».
Il faudrait, je crois,
qu'ils nous montrent du doigt,
en nous traitant de fous
et de révolutionnaires.

Il faudrait, je crois,
qu'ils nous cherchent des ennuis,
qu'ils signent des pétitions contre nous...
qu'ils essayent de nous faire périr.»

Michel Quoist,

Comme je l'expliquais dans le chapitre précédent, après ma courte retraite fermée à Saint-Benoît-du-Lac, je contacte l'abbé Christian Beaulieu qui me suggère de parler à l'abbé Jean Ravary. «C'est un vrai prédicateur de feu», me dit l'abbé Beaulieu. Ma rencontre avec ce grand homme fut déterminante et je sais que sa présence dans ma vie me suivra pour toujours.

JEAN RAVARY

Aîné d'une famille de trois enfants, Jean Ravary a fait ses études à Verdun et sa théologie au Grand Séminaire de Montréal. C'est Mgr Paul Grégoire, nouvellement nommé archevêque de Montréal, qui l'ordonne prêtre le 1er juin 1968 avec 21 autres confrères.

Dès le début de son sacerdoce, il décèle que la prédication est sa force et le plus beau ministère qui lui est demandé. Durant sa période comme vicaire, de 1968 à 1973, il tente de rendre concret le message de Jésus qui a quelque chose à dire à l'humain de notre temps.

De 1973 à 1976, il anime les *Cursillos* et l'expérience parallèle pour les jeunes qui sont en âge de fréquenter le cégep et l'université. Durant ces années, il est intrigué par l'apathie des assemblées eucharistiques en paroisse. Il ne comprend pas pourquoi la force de la Pentecôte des premiers temps de l'Église n'existe plus ! Pourquoi a-t-on peur des signes par lesquels Jésus veut appuyer sa Parole ?

En 1976, il fait la découverte du *Renouveau dans l'Esprit* et vit une expérience déterminante de retraite à Granby où il trouve bon nombre de réponses à ses questions. Il devient alors collaborateur et prédicateur au *Jourdain* (Centre de Renouveau) de 1976 à 1980. C'est le début de son ministère itinérant.

Relié à Myriam Bethleem depuis 1978, il se fait le proclamateur de la parole de Dieu sur les cassettes de chant de cette communauté nouvelle.

Nommé curé à 36 ans à Saint-Fabien, il y travaille pendant huit ans, donnant à cette communauté un souffle de vie et rassemblant, pendant des années, un groupe de prière de plus de 500 personnes à chaque semaine.

C'est en même temps que commence son expérience avec les médias. En 1981, il anime l'émission *Mission possible* sur le câble et de 1983 à 1986, il anime hebdomadairement *Réponds à ma soif*, présentée dans la région de Hull-Ottawa.

Tout en continuant d'exercer sa cure , il prêche la parole de Dieu un peu partout ! De 1977 à 1986, il anime cinq groupes de pèlerins qui se rendent en Terre sainte. Et en 1986, avec le père Émilien Tardif, il vit un mois d'animation au Japon.

Il quitte la paroisse Saint-Fabien en 1988 pour aller se ressourcer auprès des groupes du Renouveau et des communautés nouvelles en Europe de septembre 1988 à février 1989. De février à septembre 1989, il remplace des prêtres dans le diocèse de Montréal. Nommé curé à Noël-Chabanel en 1989, il y travaille pendant sept années.

En 1995, c'est la parution de son livre *Jésus est Vivant, je L'ai rencontré.* C'est aussi à ce moment que nous avons fondé ensemble ÉVANGÉLISATION 2000. Comme je le disais au début, tout a commencé par une conférence en mai 1995 qui ne devait pas avoir de suite. Se rassemblaient alors 1200 personnes pour entendre la parole de Dieu et elles nous demandaient des suites. Mais laissons parler Jean pour nous expliquer les débuts de notre œuvre : *Un peu surpris, nous avons voulu répondre à cette invitation du peuple de Dieu afin de trouver des moyens modernes et nouveaux pour retisser le tissu de la foi déchiré à travers l'histoire. En effet, on se rendait compte que de nombreuses personnes avaient quitté l'Église institutionnelle sans quitter la foi et que de nombreux autres cherchaient des moyens modernes et fréquents de nourrir leur cheminement de foi qui n'est pas toujours évident dans ce monde bouleversé.*

Nous entendions le pape Jean-Paul II nous redire : «Ce n'est pas d'un nouvel Évangile dont nous avons besoin, mais d'une nouvelle évangélisation. Utilisez les moyens modernes de la technique d'aujourd'hui pour proclamer la parole de Dieu.»

Cette invitation et notre goût de demeurer dans une communion avec l'Église nous ont projetés dans la grande aventure qui a pris des proportions insoupçonnées: des soirées d'évangélisation à travers la province, des émissions de télévision, des interviews à la radio et dans les journaux, l'édition de cinq volumes à prix populaire, un lancement de cassettes de musique et de chant... Et ça continue! Des projets jaillissent du cœur de l'équipe et tout cela veut donner des mains et des pieds à notre foi, trouvant ainsi dans le sens de cette démarche de recherche personnelle de la valeur de notre relation à Dieu.

Jésus a encore de nombreuses choses à dire à son peuple. Il veut qu'on prenne conscience, en Église, que l'an 2000 et le nouveau siècle seront là pour donner sens et cohérence à notre vie grâce au message de Jésus qui sera dit et véhiculé à travers des moyens et une culture adaptés au présent du croyant.

Mais au fond de tout cela... C'est essentiellement la grande aventure de l'Esprit saint et du Ressuscité qui se continue et qui bouleverse la vie et les cœurs.

C'est dans cet esprit que naissait ÉVANGÉLISATION 2000.

Dans la nuit de Pâques 1996, après une émission de lignes ouvertes à la radio de CKAC, Jean a la certitude que le Seigneur l'appelle à un ministère d'évangélisation à plein temps. En septembre 1996, il quitte la paroisse et va s'installer chez les sœurs de la Providence où il réside.

Le cardinal Jean-Claude Turcotte donne l'approbation pour ce style de ministère qui est l'invention des chemins nouveaux. Depuis, c'est l'animation de plusieurs soirées d'évangélisation à travers le Québec et l'Ontario, prédications de nombreuses retraites, animation d'une émission de télévision (le dimanche à 11 h 00 à TVA) et la concrétisation de nombreux projets. Pour résumer ce cheminement de 53 ans, Jean Ravary dit souvent : «Le Seigneur sait comment nous conduire. L'essentiel est de s'adapter à son agenda à Lui, et de Lui faire confiance. Je sais en qui j'ai mis ma foi.»

C'est donc dans cet état euphorique que l'œuvre ÉVANGÉLISATION 2000 a vu le jour. Au début, bien des gens ne croyaient pas en nous. J'aime bien dire, quand je discute avec les gens : «Les personnes qui croient qu'une chose est impossible à faire ne devraient pas déranger ceux qui sont en train de la faire.»

Après ma rencontre avec Jean, nous avons décidé de tout risquer, d'un commun accord, et d'accomplir la parole de Dieu qui dit : «Allez de par toutes les nations annoncer la bonne nouvelle.»

L'ŒCUMÉNISME
Une chose était bien claire entre Jean et moi, nous voulions que l'œuvre d'ÉVANGÉLISATION 2000 s'adresse au plus grand nombre possible de gens. Dans nos têtes, il était très important que notre travail, qui s'adresse principalement aux catholiques, déborde et rejoigne aussi les non catholiques, les protestants de toutes dénominations, tous ceux qui considèrent que l'Évangile est le Livre de la vie, tous ceux qui veulent reconnaître Jésus comme Sauveur personnel. Il ne faut jamais oublier que le mot «christianisme» vient du nom du Christ. Pourquoi faudrait-il rejeter les gens qui, comme nous, aiment le Seigneur ? Nous n'avons pas le

droit de prétendre qu'une personne qui ne naît pas dans la religion catholique, qui meurt sans avoir été baptisée, ne peut pas accéder au royaume de Dieu. J'ai rencontré des pasteurs protestants dans ma vie et j'ai constaté qu'ils avaient une très grande connaissance de l'Évangile et du Christ. Il serait regrettable d'exclure de notre pensée tous ses chrétiens.

Un homme que j'admire, Billy Graham, a dit un jour : «Le mouvement œcuménique a pour objectif de rassembler des gens dont les points de vue divergent.» J'endosse à 100 % cette déclaration. Billy Graham, toujours en parlant d'œcuménisme disait aussi : «Dieu a créé son Église pour étendre son royaume. La proclamation de l'Évangile est au cœur de notre mission dans le monde. L'appel à l'évangélisation n'est pas réservé au clergé. L'Église n'a pas de plus grande tâche que d'exhorter les laïcs à s'engager dans l'évangélisation du monde.»

Quand je parle d'œcuménisme avec les gens, je ne peux peut faire autrement que de me rappeler ma jeunesse où l'on considérait les protestants comme des démons, des personnes dangereuses et malsaines. On se chicanait entre nous sans même connaître nos différences. Comment pouvions nous penser que les protestants, s'ils n'étaient pas baptisés, allaient en enfer ou dans les limbes ? Comment penser, aujourd'hui, quand on connaît la grande bonté du Christ, que ceux qui ne sont pas catholiques ne pourront jamais voir Dieu ?

On veut vraiment être capable de prêcher la parole de Dieu à tous les Chrétiens. Quand on regarde tout ce qui nous unit, on se rend compte, dans le fond, qu'on croit tous au même Jésus-Christ. Il faut penser, qu'un jour, un prêtre catholique soit capable de prier avec un pasteur protestant. Ce n'est pas parce qu'on prend la voie de l'œcuménisme qu'on n'est plus catholique. Au contraire, l'œcuménisme est une ouverture sur le monde. Ça va dans le sens de ce que le pape Jean-Paul II a demandé dans son dernier encyclique : «Que tous soit un.»

Pour l'an 2000, il faut être capable le plus possible d'être tous unis. Ce n'est sûrement pas le projet de Jésus-Christ de nous voir tous séparés ainsi. Ça ne fait pas sérieux. Je suis certain que le Christ nous regarde et se dit : «Bien voyons donc, ce n'est pas ce que je leur ai enseigné; ils ne sont même pas capables de s'entendre.»

Une chose est certaine chez-moi. Il existe une grande mentalité chez les catholiques qui pensent qu'il n'y a qu'eux qui peuvent être sauvés. Comme je le disais tantôt, le Royaume de Dieu est ouvert à tous. Je vois très mal notre œuvre ne pas s'ouvrir à toute la chrétienté et je ne voudrais pas que les catholiques pensent qu'ils sont les seuls à avoir la chance d'aller rejoindre Dieu un jour. Il est très important pour nous de le dire et de nous ouvrir à toute la chrétienté.

Moi je pense que les catholiques ont beaucoup de choses à enseigner aux protestants, mais que les protestants ont aussi beaucoup de choses à nous montrer. Par exemple, les protestants ont eu accès à la parole de Dieu plus rapidement que nous. Malheureusement, il y a de nombreuses années, les catholiques n'avaient pas le droit de lire la Bible alors que les protestants avaient le droit. Alors ils ont été beaucoup plus proches de la parole de Dieu que nous ne l'étions à cette époque.

Nous ne jugeons pas les autres religions qui ne sont pas chrétiennes, mais nous prêchons et surtout nous croyons à la parole de Jésus qui dit : «Je suis le Chemin, la Vérité, la Vie.» Personnellement, c'est la personne de Jésus qui m'a bouleversé, qui a bouleversé ma vie. Il faut faire attention entre l'œcuménisme entre chrétiens et l'œcuménisme entre les grandes religions. Il ne faut pas diluer son message. Pour moi, seul la Bible est la parole de Dieu.

Cela dit, nous ne fermerons la porte à personne. Quand on mentionne l'œcuménisme, il est aussi très important de dire qu'on parle des grandes religions chrétiennes et non pas du petit «flyé» qui se lève un matin et qui pense avoir eu un songe et qui fonde sa propre religion, sa propre secte. Quand je parle d'œcuménisme, je désigne la bonne entente et surtout, le dialogue qui doit s'engager entre les grandes religions chrétiennes.

LES SECTES

Ceci m'amène à parler du phénomène des sectes. Évidemment, ÉVANGÉLISATION 2000 n'est pas une secte. Certaines personnes ont bien tenté de nous faire passer pour une secte, mais nous n'avons rien en commun avec elles. Un seul mot me vient en tête quand vient le temps d'expliquer aux gens que nous ne sommes pas une secte : liberté. Les gens sont libres de faire ce qu'ils veulent. Il n'y a pas de gourou à ÉVANGÉLISA-TION 2000. Une seule personne qui devient un Dieu, je ne crois pas à ça. Il faut comprendre que les sectes naissent de la recherche spirituelle des gens. Ces gens sont prêts à s'accrocher à n'importe quoi. Pour nous, l'important, l'essentiel, c'est Jésus et non pas un gourou. Le but d'ÉVANGÉLISATION 2000 c'est justement de dire au monde: «Faites attention. Avant de vous en aller dans les sectes, regardez donc ce qu'il y a dans votre propre foi. Avec les temps difficiles que nous vivons, le chômage, l'aide sociale et tout, la philosophie des sectes est d'entourer, d'aimer ces gens. C'est sûr que quand ça ne va pas, tu embarques facilement.

En plus, quand tu fais partie d'une secte, tu dois donner presque tout ton argent et le gourou devient un homme très riche qui contrôle tout. Ce n'est pas du tout notre façon de fonctionner. Malheureusement, bien des gens, ceux qui ne nous connaissent pas, naturellement, nous accusent encore d'être une secte. Il se passe aussi un phénomène curieux. Bien des gens nous disent, quand ils assistent à l'une de nos soirées ou qui nous regardent à la télévision, qu'on doit leur cacher quelque chose parce que c'est trop beau pour être catholique. Dans l'esprit des gens, quand c'est catholique, ça ne peut pas être beau, il faut toujours qu'un microphone ne fonctionne pas ou qu'il arrive quelque chose. L'image selon laquelle «catholique» rime avec «quétaine» perdure encore. À chaque soirée, on se fait dire la même chose : «Vous nous cachez sans doute quelque chose parce que c'est trop beau.» Je n'en reviens pas encore. C'est la fameuse mentalité catholique qu'il faut tout faire à rabais et comme je le disais au début, pour nous, il n'y a rien de trop beau pour le Christ. Alors, quand les gens doutent de notre mission religieuse, ils croient que nous sommes une secte. Mais puisque nos livres comptables sont ouverts (nous le verrons plus loin), puisque les gens sont libres de donner ce qu'ils veulent, nous ne formons pas une secte. Nous sommes d'ailleurs en lien étroit avec les autorités du diocèse de Montréal.

S'il y a de nombreuses sectes aujourd'hui, je crois que l'Église en est un peu responsable. Elle a tellement désacralisé et démystifié la religion que les gens, pour trouver un peu de sacré, se sont tournés vers les sectes avec tout le sacré proposé par les gourous. L'intention de s'approcher des gens était louable, mais l'Église a-t-elle été un peu loin dans cette désacralisation ? Il ne faut pas oublier que les gens ont soif d'absolu.

J'aimerais que l'Église, ses évêques et ses cardinaux jouent un peu mieux leur rôle de pasteurs, de guides et mettent en garde son peuple contre tous les attrape-nigauds. Le rôle de l'évêque est d'avertir ses fidèles, de les informer, de jouer son rôle de berger. À ce niveau, je trouve que l'Église est parfois absente quand il s'agit de dénoncer les sectes et toutes les folies du genre. Les gens demeurent libres d'adhérer ou de participer à ce genre de manifestations, mais notre Église pourrait servir de lumière, d'éclairage, d'aide.

LE MESSAGE

Ici, j'aimerais ouvrir une parenthèse pour vous parler d'un homme qui a grandement influencé toute ma démarche spirituelle. Il s'agit de Billy Graham, dont je cite un passage de son livre *Tel que je suis* un peu plus haut. Cet homme a propagé l'évangélisation partout dans le monde. Quand Billy Graham dit : «Le cœur de notre message est centré sur le Christ et ce qu'il a accompli pour nous, par sa mort et sa résurrection, ainsi que sur la nécessité d'y répondre en lui remettant notre vie et nos espérances. Le message consiste à dire que le Christ est venu pour nous pardonner, et nous donner une vie et une espérance nouvelles, si nous nous tournons vers lui.»

Il est difficile de ne pas adhérer à ce message. Il y a plusieurs moyens d'y parvenir. Nous verrons dans les réalisations de notre œuvre et dans les grands projets que nous caressons, que le but est toujours le même, faire connaître la parole de Dieu à un plus grand nombre possible de gens. L'enseignement de l'Évangile, avec Jean Ravary à titre de principal interlocuteur, de chef de file de l'œuvre que nous poursuivons, demeure notre but ultime. En s'approchant de l'Évangile, on s'approche du Christ et notre cœur se remplit de sa grande bonté. Il est étonnant de constater que les bureaux d'ÉVANGÉLISATION 2000 ne sont pas uniquement utilisés pour administrer. Nous recevons, chaque jour, plus de 200 lettres; nous recevons des appels téléphoniques de gens démunis qui ont besoin d'aide.

Je vais vous donner un exemple bien concret du travail qu'on peut faire. Un jour, on reçoit un appel à nos bureaux. Une jeune femme voulait me parler. J'étais débordé de travail, mais comment refuser de parler à une personne qui, parce qu'elle nous avait vus à la télé, semblait avoir besoin d'aide. La jeune personne, une jeune femme, était au bord du suicide. Aux prises avec des problèmes de drogue et d'alcool, elle ne savait plus quoi faire. Je n'ai pas reçu de formation pour venir en aide, surtout pas au téléphone, aux gens en détresse comme elle. Je ne savais pas trop quoi lui dire. Je sentais que le seul fait de me parler l'aidait un peu. J'ai quand même pris la peine de lui dire que nous allions prier pour elle et comme nous faisons des soirées de prières tous les jeudis soirs, j'ai invité cette jeune femme à venir prier avec nous. Je n'avais pas d'idées préconçues, je ne savais pas si elle allait venir prier avec nous. Un soir, elle s'est présentée à nous, elle a prié avec nous et, plus tard, elle nous a téléphoné pour nous dire qu'on lui avait rendu un service incroyable, qu'elle avait cessé de consommer, qu'elle avait redécouvert Dieu dans sa vie et qu'elle était très reconnaissante envers notre œuvre. Elle s'excusa de nous avoir autant dérangés parce qu'elle téléphonait très souvent, mais comme ÉVANGÉLISATION 2000 est au service des gens, personne ne nous dérange. En plus, si nous avons fait du bien à cette personne, nous avons vraiment l'impression d'avoir fait notre travail. Il est très important, dans notre travail, d'avoir des témoignages semblables.

En 1995, ÉVANGÉLISATION 2000 voyait le jour. Bien des gens nous ont demandé si, en l'an 2000, nous étions pour fermer nos portes. Il n'en est pas question. Nous avons choisi ce nom justement pour bien faire comprendre que le 21ᵉ siècle sera le siècle de l'évangélisation. Le 21ᵉ siècle passe par la spiritualité. Déjà en 1995, on savait que notre œuvre s'intéressait à l'avenir. Il fallait regarder vers l'avant, non pas derrière nous. Si nous avons commencé lentement, si nous avons construit notre base et nos assises le plus solidement possible, notre rêve était et est toujours d'entrer dans le 3ᵉ millénaire avec le Christ.

Si ÉVANGÉLISATION 2000 poursuit un but d'œcuménisme, il poursuit aussi le but de venir en aide aux exclus, aux mal-aimés de notre société. Le prochain chapitre s'attardera, avec exemples à l'appui, aux exclus, aux marginaux de notre société qu'on a tendance à oublier trop facilement.

LES EXCLUS

À TOI QUI AS DE LA PEINE OU QUI SOUFFRES
Toi qui souffres dans ton âme, dans ton cœur et
dans ton corps,
espère en Dieu, qui est la Lumière que
tu ne vois pas toujours,
car tes yeux sont baignés de larmes.
Il met toujours Sa veilleuse pour toi !
Demande-Lui d'être ton Rocher, ta Forteresse,
et de te guider.
Tu verras, Il ne t'abandonnera jamais.
Crois en Lui, Il est ton Père qui t'aime plus que tout.
Il te donnera le courage nécessaire pour t'aider
à surmonter tout sur la terre.
Il est le Dieu d'Amour, de Tendresse,
de Charité et de Compassion.
Laisse-toi guider. Il te prend par la main pour t'amener
sur les chemins qu'il a dressés pour toi.
Fais-Lui confiance, car Il t'aime !
Que Ta volonté soit faite !

Georgette Corbeil, 94-02-07

Il y a quelque temps, je parlais dans une église et un homme âgé est venu me voir après mon témoignage pour me dire que j'avais raison. Je racontais que si le Christ revenait sur terre aujourd'hui en chair et en os, on serait probablement très surpris et même choqué. Il ne serait probablement pas premier ministre ni dirigeant d'une grande entreprise qui manipule des millions et des millions de dollars. Le Christ serait sans doute au coin des rues Sainte-Catherine et Saint-Laurent avec les pauvres en train de prendre un café, ou une bière avec une prostituée qui veut s'en sortir ; il serait peut-être en train de jaser avec un homosexuel qui cherche un sens à sa vie. Il serait partout, comme dans le temps, avec des gens que le monde jugeait. Il nous déstabiliserait. Il nous surprendrait par sa grande bonté. Est-ce que nous le reconnaîtrions ? Je n'en suis pas si sûr. Il y a 2000 ans, on l'accusait de se tenir avec les pécheurs. On le traitait même d'ivrogne et de glouton ! On ne pouvait accepter qu'il soit si bon et si tolérant envers les marginaux. Comme c'est triste de voir qu'après 2000 ans, beaucoup d'entre nous n'avons pas encore compris. Nous préférons souvent regarder la loi au lieu d'être comme Jésus et de regarder les autres avec amour et miséricorde. Nous préférons parfois pointer du doigt et juger notre prochain. Mais n'oublions pas que lorsqu'on pointe quelqu'un du doigt, trois doigts sont pointés sur nous ! Je me demande souvent aussi si nous ne lui réserverions pas le même sort que les têtes dirigeantes de son époque lui ont réservé. Je me demande qui le crucifierait encore une fois. Nous jugeons tellement notre prochain !

Un des buts fondamentaux d'ÉVANGÉLISATION 2000 est d'aider les exclus de notre société, de leur venir en aide, de leur tendre la main.

Moi, ce qui me surprend quand je lis l'Évangile, c'est de constater que Jésus n'a jamais exclus personne. On n'a qu'à regarder la femme adultère, la Samaritaine qui avait eu cinq maris et qui vivait avec un sixième qui n'était pas le sien. Imaginez aujourd'hui si vous avez une femme comme ça dans votre petit village, ça jaserait beaucoup. Mais qu'a fait Jésus? Il est allé la voir. J'aime dire que Jésus a toujours accueilli les gens les plus «poqués». Je suis toujours surpris, dans la religion catholique et dans les autres dénominations, de constater comment nous avons le jugement rapide sur les marginaux. Quand on parle des exclus, on pense aux divorcés, aux «accotés», aux homosexuels, ceux qui sortent de prison ou qui sont en prison, ceux qui ont des problèmes de drogue ou d'alcool; ce n'est pas long qu'on les pointe du doigt. Je suis convaincu qu'il s'agit d'une attitude que Jésus doit réprimer du cœur de ses croyants. Il ne faut pas oublier que Jésus est venu pour les malades, pour ceux qui ont besoin d'aide et non pour les bien-portants. Il a aussi dit cette phrase parfois embarrassante : «Les prostitués vous devanceront dans le royaume des Cieux.» Je pense toujours, dans ce temps-là, à la phrase de Ghandi qui dit : «La plus belle religion au monde, c'est le christianisme ; mais malheureusement, il y a les chrétiens.» Il veut dire par cette phrase que l'enseignement du Christ est un exemple à suivre pour toutes les nations, pour toutes les religions, mais que les chrétiens, malheureusement, ne donnent pas l'exemple. Il a raison. Il y a des gens qui se pensent tellement purs, qui jouent aux Pharisiens.

Pour moi, il est très important de s'approcher des mal-aimés, de ceux qu'on exclut trop rapidement ; et je suis convaincu que ces gens sont, à quelque part, les préférés de Dieu. Un peu comme le Christ qui a été rejeté par sa société, il a été un mal-aimé lui aussi.

«Jésus s'en alla au mont des Oliviers. Dès la pointe du jour, il revint au temple; et tout le monde venait à lui. Il s'assit, et se mit à les enseigner. Les scribes et les pharisiens lui amenèrent une femme surprise en adultère. Ils la placèrent au milieu de la foule, et dirent à Jésus: «Maître, cette femme a été surprise en flagrant délit d'adultère. Or Moïse nous a prescrit dans la loi de lapider de telles personnes; et vous, que dites-vous?» Ils parlaient ainsi pour le mettre à l'épreuve afin d'avoir un motif d'accusation contre lui. Mais Jésus, s'étant incliné, écrivait avec le doigt sur la terre. Comme ils persistaient à l'interroger, il se releva et leur dit: «Que celui qui n'a jamais péché lui jette le premier une pierre.» Et il s'inclina de nouveau et se mit à écrire sur la terre. À ce mot, ils sortirent l'un après l'autre, à commencer par les plus âgés jusqu'aux derniers. Et Jésus resta seul avec la femme qui se tenait encore au milieu. Jésus se releva et lui dit: «Femme, où sont-ils? Personne ne t'a condamnée?» Elle dit: «Personne, Seigneur.» Alors Jésus lui dit: «Moi non plus, je ne te condamne pas. Va et désormais ne pèche plus.»
(Jean, 7,1-11)

LE CAS DE CHANTALE

Quand je parle des exclus ou des mal-aimés, j'ai toujours en tête l'exemple de ma cousine Chantale. Chantale était une belle fille de 19 ans. Elle venait d'une famille éclatée, comme il y en a beaucoup dans notre société et que nous ne devons pas juger. Ses parents l'adoraient beaucoup. Elle étudiait en graphisme, elle avait un talent fou, elle était d'une beauté éclatante. Il s'agissait, aux yeux de tous, d'une fille parfaite qui avait tout pour être heureuse. Tout le monde l'aimait. Elle avait un amoureux qui l'adorait, qui disait ne pas être capable de vivre sans elle. Mais, comme bien des jeunes, Chantale croyait qu'elle n'était pas aimée. Sans trop savoir pourquoi, même si elle recevait des signes d'amour d'un peu partout, elle refusait de croire qu'elle était aimée. Elle disait souvent: «Moi, les gens ne m'aiment pas.»

L'automne dernier, au mois de septembre, sans que personne ne voit venir le coup, Chantale s'est enlevée la vie. Elle s'est suicidée. Quand je suis allé à ses funérailles, j'ai été frappé par plusieurs choses. Premièrement, l'église était pleine, les gens venaient de partout. Le service a eu lieu à Sherbrooke et des amis qu'elle avait connus à l'école étaient venus lui dire un dernier adieu. Pour une fille qui croyait que les gens ne l'aimaient pas, l'église était pleine. C'était extrêmement touchant.

Deuxièmement, le prêtre qui a célébré le service funèbre et qui a prononcé l'homélie a dit une phrase qui m'a touché profondément. En s'adressant aux jeunes, parce que l'église était remplie principalement des amis de Chantale, donc des jeunes de 19 ou 20 ans, il a dit: «Vous voyez ce que Chantale vient de faire comme choix, comme option. On arrive à l'an 2000 et si vous ne mettez pas la foi dans votre vie, vous ne passerez pas à travers.» Il ne faut pas oublier que le Québec a un des plus hauts taux de suicide chez les jeunes et il faut leur tendre la main, leur montrer qu'on les aime pour les aider à vivre dans cette société souvent trop froide, trop technologique, sans âme.

Je pense que Chantale, parce qu'elle est un exemple de ce que les jeunes peuvent vivre aujourd'hui, avait tout dans la vie, l'argent, la beauté, le talent, mais il lui manquait peut-être l'essentiel en elle-même. Elle cherchait Dieu quelque part. D'ailleurs, je reproduis la lettre qu'elle a laissée avant de s'enlever la vie pour comprendre un peu mieux son désarroi.

Quand elle est décédée, nous nous sommes tous dit qu'elle était rendue, qu'elle savait déjà ce qui se passait après la vie. Et ce n'est sûrement pas à nous de juger ou de dire qu'elle est en enfer ou dans les limbes parce qu'elle s'est suicidée. Si nous pouvons comprendre ou du moins accepter le geste qu'elle a posé, imaginez un peu comment Dieu qui est Amour peut mieux comprendre et l'accepter près de lui.

Quand tu poses un geste semblable, tu peux comprendre la souffrance. Quand tu poses un geste semblable, tu ne le fais pas machinalement; ça demande du courage. Je pense surtout aux parents après un geste aussi drastique. Je ne suis pas de ceux qui pensent que les parents sont responsables de ce qui est arrivé. Quand j'analyse un peu le problème du suicide, je découvre que, dans notre société, on n'a plus le temps, on n'a jamais le temps. On travaille, on travaille, on travaille. On n'a pas le temps de penser. Il faut dire que Chantale n'a jamais démontré un signe avant-coureur de son malheur, de son mal de vivre. Peut-être que la perte de son jeune frère est responsable de son mal de vivre. Elle revenait d'une partie de hockey accompagnée de sa mère et de son frère, de trois ans son aîné. Ils ont eu un accident d'automobile et son frère est le seul qui est mort. L'automobile est retombée sur lui. Chantale et sa mère n'ont rien eu. Chantale a vu mourir son frère. Elle avait environ cinq ans et elle ne s'en est jamais remise. Ce fut horrible, affreux.

J'ignore si elle avait une vie spirituelle. Je sais qu'elle cherchait beaucoup. Elle s'était posée beaucoup de questions sur la foi quelques années auparavant, et comme elle faisait toujours, de façon très sérieuse. Mais où en était-elle rendue dans son cheminement, je ne le sais pas. Je pense qu'en voyant le texte qu'elle a écrit avant de mourir — et je publie sa lettre dans ce chapitre — elle cherchait Dieu, quelque chose qui était assez fort. C'est une grande souffrance et le seul qui pourrait répondre à ce texte, c'est Jésus. Et si nous avons à tirer une leçon de la mort de Chantale, c'est de nous dire que face à nos problèmes, il y a une solution, c'est Dieu. Il faut cependant être assez humble pour dire que nous avons besoin de quelqu'un dans notre vie. Par la mort de Chantale, je pense vraiment que c'est la leçon que nous en avons tirée.

Dans le message d'ÉVANGÉLISATION 2000, il faut être capable de dire : «J'ai besoin de quelqu'un d'autre pour être heureux.» Ça demande une certaine dose d'humilité.

Nous avons rencontré, il y a quelque temps, une mère de famille. Cette femme a eu quatre enfants dont trois se sont suicidés. On peut facilement imaginer la douleur de cette femme. Elle a été obligée de consulter un psychologue. Elle vivait de la culpabilité et elle voulait savoir si elle avait fait quelque chose de mal, si elle était, en quelque sorte, responsable de tous ces malheurs. Elle n'est pas responsable de la mort de ses enfants. On ne sait pas ce qui pousse les jeunes, les gens, à s'enlever la vie. Mais la beauté et le courage dans le comportement de cette femme de Hull est de constater qu'elle a utilisé sa souffrance pour se rendre utile. Elle a réussi à fonder un mouvement pour les endeuillés du suicide. Voilà qui est beau quand on s'arrête à ça. Quand on est croyant, Dieu peut transformer l'expérience de toute souffrance extrême en une action concrète et en faire profiter les autres tout en les initiant à son amour. C'est ce qui fait qu'une personne peut accepter un drame semblable et s'en sortir complètement. Ou au contraire, une autre personne peut s'enrager, en vouloir à Dieu et éprouver des difficultés pendant tout le reste de sa vie. Pour bien du monde, Dieu est le premier coupable.

Nous avons reçu, au mois d'avril dernier (1998), un autre témoignage à la suite de notre émission de télévision. Il s'agit du témoignage d'une psychiatre, une éminente psychiatre qui était athée, qui ne croyait à rien. Elle disait toujours que les gens qui sont croyants étaient des gens qui ont besoin de béquilles. Elle explique dans son témoignage qu'elle a fait une rencontre de Dieu intérieurement et que maintenant, elle ne peut plus l'expliquer, elle ne peut plus expliquer ce qu'elle vit. Pourtant, cette femme d'une quarantaine d'années qui a passé sa vie à tout expliquer et à tenter de comprendre tous les phénomènes humains profonds ne peut plus expliquer ce qui se passe dans sa vie spirituelle. Elle croit mais elle ne peut pas expliquer sa foi. Son témoignage m'a fait penser au récent film *Contact* avec Jodie Foster. Ce film raconte l'histoire d'une scientifique qui ne croit pas en Dieu. Il y a une phrase dans ce film qui explique bien des choses. Dans ce film, la scientifique a perdu son père et un jour elle rencontre un théologien et lui dit : «Je ne peux pas croire en Dieu parce qu'il n'y a pas de preuve.» Le théologien lui répond : «Est-ce que tu as aimé ton père.» Elle lui répond que oui. Alors le théologien lui dit : «Prouve-le, prouve-moi que tu as aimé ton père.» Elle en est incapable. C'est un peu comme l'amour que nous éprouvons pour Dieu. Nous ne pouvons pas prouver cet amour, comme la psychiatre, qui ne peut pas expliquer son amour pour Dieu. Elle le sent, c'est suffisant pour elle.

Voici maintenant la courte lettre, le poème pourrait-on dire que Chantale a laissé avant de mourir. On remarquera ce cri du cœur, ce besoin d'amour qu'elle a exprimé dans des mots simples. Il est bien évident que la mort de Chantale n'est pas inutile. Son poème est un véritable appel à l'aide tout en étant un acte d'humilité très touchant.

Si tu écoutes
J'aimerais que tu prennes
mon cœur contre toi
Que tu le remplisses de ton amour
et cela, pour toujours.

Si tu écoutes
J'aimerais que tu prennes
ma vie.
Et que tu me montres
Les beaux endroits
Qu'elle y cache.

Si tu m'écoutes
J'aimerais que tu prennes
ma tête
Et que tu la vides
de tous mes soucis
Que tu la remplisses
d'intelligence.

Si tu écoutes
Garde-moi près de toi
Et protège-moi.

Si tu m'écoutes
Aide-moi à m'aimer
Chaque jour.

S.V.P. reste près de moi.
Je t'aime.

Chantale

L'EXEMPLE DE MON FRÈRE DENIS

«*Il suffit de peu pour s'apercevoir que Jésus est là, en chacun de nous. Si tous les gens se donnaient la peine de lui dire quelques mots, matin et soir, pour le remercier pour un petit bonheur, ou lui demander son aide pour régler certains problèmes, ils apprendraient à mieux le connaître et verraient qu'il peut réaliser des miracles! Jésus est présent et bien vivant!*»

Marguerite Gaudry,
d'ÉVANGÉLISATION 2000

J'ai parlé un peu, au début de ce livre, de ma vie familiale. Vous savez donc que j'ai un frère plus jeune que moi. Ma relation avec Denis ne fut pas toujours facile. On peut même dire qu'à un certain moment donné, nous étions comme chien et chat, incapables de se parler sans que la chicane éclate. Nous faisions le malheur de ma mère qui voyait bien que nous ne nous entendions pas du tout. Je n'ai pas du tout l'intention de tout mettre le blâme sur le dos de mon frère ; j'ai, moi aussi mon caractère, je suis assez prompt, et mon frère avait le don de me «piquer», comme on dit dans le langage populaire.

Quand ma vie s'est orientée vers la spiritualité, Denis, qui ne croyait en rien, m'a toujours dit que jamais, au grand jamais il ne travaillerait pour la foi. Il trouvait ça niaiseux, il sortait tous les arguments qu'on connaît bien pour manifester notre désintéressement. Puis, à une époque de sa vie, il est tombé dans la drogue. Il a commencé, comme bien des gens, dans les petites drogues puis, après ça, il a commencé à prendre de la cocaïne et ce fut la débandade. Il a perdu complètement le contrôle. Moi je voyais bien où il s'en allait, mais je n'avais pas de contrôle sur sa vie. Ça créait évidemment des conflits avec mes parents qui connaissaient eux aussi le problème. Ils tentaient bien de lui parler, mais ça ne servait à rien. Il nous disait simplement de nous mêler de nos affaires.

Un soir, probablement assez mal en point, il a parlé à Dieu. Lui qui disait que jamais il ne croirait à ces histoires, il s'est adressé à Dieu dans son lit — il va s'en souvenir toute sa vie — en lui disant : «Si tu existes vraiment, tu vas m'aider, tu vas me faire un signe.» À partir de ce moment-là, Denis a commencé à diminuer sa consommation de drogue, puis il a arrêté complètement la cocaïne.

Mais une grande épreuve l'attendait. Après six mois d'abstinence, Denis a fait une rechute. À ce moment, il avait commencé à travailler pour ÉVANGÉLISATION 2000. À travers sa souffrance, il avait fait la découverte de Dieu et il faisait vraiment un beau cheminement. Denis chante très bien, il a une très belle voix et les gens l'aiment beaucoup. Il chante lors de toutes nos soirées et il est très apprécié. On se doutait bien que Denis avait fait une rechute dans la cocaïne. On lui a même demandé, mais il nous a dit non, que tout allait bien. Le lendemain, après lui avoir demandé s'il avait repris de la cocaïne, nous sommes allés manger avec lui,

Jean Ravary et moi. On était tellement sûrs qu'il en avait pris qu'on voulait lui faire dire la vérité. Lors de ce souper, Denis nous a avoué avoir fait une rechute. Il ne voulait pas nous en parler parce qu'il avait peur qu'on le rejette, qu'on refuse dorénavant de travailler avec lui. Mais notre réaction fut tout à fait le contraire de ce qu'il avait imaginé. Nous lui avons dit que nous préférions, et de loin, la vérité au mensonge, que faire une rechute, ça arrive à tout le monde. Ce repas fut, pour Denis, sa planche de salut. Au lieu d'être jugé, comme il l'avait été si souvent dans sa vie, il réalisait qu'il pouvait être respecté et surtout, aimé. Il se disait que si des humains l'accueillaient ainsi, comment Dieu était-il pour l'accueillir là-dedans?

Aujourd'hui, pour Denis, ça va extrêmement bien. Lui qui disait que jamais il ne chanterait pour Jésus, qu'il trouvait ça ridicule, il voudrait en faire plus, il voudrait chanter tous les soirs. Pour moi, le Denis d'avant est mort. Nous nous entendons à la perfection, nous avons voyagé ensemble et pendant deux semaines nous n'avons pas eu un seul petit accrochage. Et dire qu'avant, nous ne pouvions pas passer deux heures ensemble sans s'arracher les cheveux.

Ne jugez pas, et vous ne serez pas jugés. Selon que vous jugez, on vous jugera. Comme vous aurez mesuré, on vous mesurera. Pourquoi vois-tu la paille dans l'œil de ton frère, et ne remarques-tu pas la poutre qui est dans le tien? Ou, comment peux-tu dire à ton frère: «Laisse-moi ôter la paille dans ton œil», quand il y a une poutre dans le tien? Hypocrite, ôte d'abord la poutre de ton œil et tu songeras à ôter la paille de l'œil de ton frère. (Matthieu 7,1-5)

Si je donne ces exemples, c'est vraiment pour bien faire comprendre qu'ÉVANGÉLISATION 2000 n'est pas là pour juger les gens. Si un jour on pouvait en venir à ne plus rejeter les exclus, ceux qui sont différents, les marginaux, ceux qui ne pensent pas ou qui ne vivent pas comme nous ou comme la majorité, nous aurions fait un énorme pas. On croit vraiment que cette acceptation, autant dans nos cœurs que dans l'Église catholique, ne peut que nous apporter du bien. Nous croyons aussi que, par l'Évangile, nous pouvons atteindre ce but. Il suffit de mettre notre vie dans les mains du Christ et la Providence s'occupera bien du reste.

Il ne faut cependant pas tomber dans le piège de la «loi du moindre effort». Ce n'est pas en mettant notre vie dans les mains de Dieu que nous devons cesser de bouger, d'agir. *Aide-toi et le Ciel t'aidera.*

Qu'ils sont grands, Seigneur mon Dieu,
les projets et les miracles que tu as faits pour nous!
Tu n'as pas d'égal.
Je voudrais l'annoncer, le répéter,
mais il y en a trop à dire.

Tu n'as voulu ni sacrifice ni offrande,
tu m'as creusé des oreilles pour entendre
tu ne m'as demandé ni holocauste ni expiation.
Alors j'ai dit: «Voici, je viens avec le rouleau d'un livre
écrit pour moi. Mon Dieu, je veux faire ce qui te plaît,
et ta loi est tout au fond de moi.»
Dans la grande assemblée, j'ai annoncé ta justice;
non, je n'ai pas retenu mes lèvres,
Seigneur, tu le sais!
Je n'ai pas caché ta justice au fond de mon cœur,
j'ai parlé de ta loyauté et de ton salut,
je n'ai pas dissimulé ta fidélité et ta vérité à
la grande assemblée.
Toi, Seigneur, tu ne retiendras pas loin de moi
ta miséricorde,
ta fidélité et ta vérité me préserveront toujours.

(Psaume 40,6-12)

LES RÉALISATIONS D'ÉVANGÉLISATION 2000

Ainsi un homme, partant en voyage, appela ses serviteurs pour leur confier ses biens. À l'un, il donna cinq talents, à l'autre deux, au troisième un seul : à chacun selon sa capacité. Puis il partit. Aussitôt, celui qui avait reçu cinq talents s'en fut les faire valoir et en gagna cinq autres. De même celui qui en avait deux, en gagna deux autres. Mais celui qui en avait reçu un seul fit un trou dans la terre et y cacha l'argent de son maître. Longtemps après, le maître de ces serviteurs revint et il leur demanda de rendre compte. Celui qui avait reçu cinq talents s'avança et présenta cinq autres talents en disant : «Seigneur, vous m'aviez remis cinq talents; voici, j'en ai gagné cinq autres.» Son maître lui dit : «Très bien serviteur bon et fidèle. Puisque tu as été fidèle en de petites choses, je vais t'établir sur de plus grandes. Viens te réjouir avec ton maître.» Celui de deux talents s'avança et dit : «Seigneur, vous m'aviez remis deux talents; voici, j'en ai gagné deux autres.» Son maître lui dit : «Très bien, serviteur bon et fidèle. Comme tu as été fidèle en de petites choses, je vais t'en proposer de plus grandes. Viens te réjouir avec ton maître.» À son tour s'avança le serviteur qui n'avait reçu qu'un talent; il dit: «Seigneur, je savais que vous êtes un homme exigeant qui moissonnez où vous n'avez pas semé et ramassez où vous n'avez pas répandu. J'ai craint et j'ai caché sous terre votre talent. Le voici, vous avez votre bien.» Le maître répondit: «Mauvais serviteur! Fainéant! Tu savais que je moissonne où je n'ai pas semé, que je ramasse où je n'ai rien répandu. Tu aurais dû porter mon argent aux banquiers et à mon retour, j'aurais retiré capital et intérêts. Enlevez-lui donc le talent, donnez-le à celui qui en a dix. On donnera à celui qui a, et il sera dans l'abondance; mais à celui qui n'a point, on enlèvera même ce qu'il a. Quant au serviteur inutile, jetez-le dans les ténèbres extérieures où il aura des pleurs et des grincements de dents.»

(Matthieu 25,14-30.)

Comme je le disais au tout début de ce livre, à la sortie de ma réflexion d'une semaine à Saint-Benoît-du-Lac, je savais que j'étais pour travailler au service du Seigneur. Après avoir mis mes talents au service d'une cause qui ne m'apportait pas la vérité, j'ai compris qu'il fallait que je travaille au service de Jésus-Christ. Et comme je le disais, après ma rencontre avec Jean Ravary et la première soirée d'évangélisation que nous avions organisée à Sherbrooke, à la salle Maurice-O'Bready, on ne pouvait pas penser que cette simple soirée devait nous conduire où nous sommes rendus maintenant.

LES SOIRÉES D'ÉVANGÉLISATION

Depuis 1995, nous avons donné plus de 70 soirées d'évangélisation un peu partout au Québec et en Ontario. Il ne faut pas oublier que nous attachons beaucoup d'importance à ces soirées que, tout en parlant du

Christ, nous voulons de qualité. Comme je le dis souvent, Jésus mérite ce qu'il y a de mieux et nous nous efforçons de lui donner des belles soirées. Il y a toujours du chant, les prédications de Jean Ravary, et beaucoup de chaleur lors de ces soirées.

D'ailleurs, depuis le premier événement de cette fameuse soirée à Sherbrooke, celle qu'on croyait unique, nous avons toujours rassemblé beaucoup de personnes autour de la parole de Dieu. Les gens ont soif du Christ, on le sent, on le constate à chaque fois et nous sommes très fiers de cette réalisation.

LA TÉLÉVISION

Mais le plus important pour nous, la façon de rejoindre le plus de monde possible, c'est notre présence à la télévision. Je suis convaincu que si le Christ venait sur terre aujourd'hui on le verrait à la télévision. Il ne faut pas se cacher la vérité, si nous voulons faire connaître la parole de Jésus, il faut aller à la télévision. Donc, après avoir organisé plusieurs soirées d'évangélisation, j'avais ma petite idée en tête. Je voulais absolument amener l'œuvre au petit écran. Comme nous n'avions pas un sou, la possibilité d'avoir notre émission était une utopie, un rêve fou. Toutefois, comme j'ai toujours pensé que cette œuvre était aidée par la Providence (souvenez-vous de ce prêt d'un ami non croyant qui avait servi à organiser notre première soirée d'évangélisation), j'avais une confiance inébranlable. La première année, nous avons donc rencontré les gens de COGECO, les stations sœurs de Radio-Canada. Nous les avons rencontrés et ils nous ont fait confiance même en leur disant que nous n'avions pas un sou. Dès que nous avions de l'argent, nous payions ce que nous devions. Vous verrez, dans le chapitre qui concerne les finances d'ÉVANGÉLISATION

2000 qu'une émission de télévision coûte très cher. Mais, comme je suis un homme d'action, un gars de défi et que je veux agir, je rêvais d'offrir une émission aux gens qui pourrait être vue partout au Québec, de Montréal à la Gaspésie, de l'Outaouais aux Îles-de-la-Madeleine. Nous avons donc établi des contacts avec les gens de TVA. Mais là, on ne parlait plus des mêmes prix. Je m'étais dit que TVA était sûrement pour nous demander des dépôts. Je me disais qu'ils étaient pour faire des enquêtes de crédit. Nous avons été très honnêtes avec eux. Nous leur avons dit que nous n'avions pas d'argent. Nous leur avons dit : «La seule garantie que nous avons à ÉVANGÉLISATION 2000 est notre foi. Si vous avez la foi comme nous, tout devrait bien fonctionner. Je crois encore que la Providence a joué en notre faveur puisque le service des ventes de TVA, avec qui nous avons discuté, nous a dit qu'ils nous faisaient confiance. Il n'y a pas eu d'enquête de crédit, rien...

Ce fut véritablement pour nous un signe de Dieu. Et nous avons réussi à les payer. Nous sommes en ondes sur le réseau TVA depuis le mois de septembre dernier et nous avons toujours réussi à les payer. Ici on parle de sommes astronomiques. Pour une année, soit 52 émissions différentes, il n'y a pas de reprise chez nous, on débourse à TVA et aux stations affiliées environ un demi-million de dollars pour la diffusion et la production.

Le budget peut paraître astronomique. Les gens nous disent, et même les évêques: «Vous ne trouvez pas ça un peu élevé un budget semblable?» Ça peut avoir l'air très gros, mais considérons, je donne ça comme exemple, trois paroisses de Laval qui rejoignent en moyenne 641 personnes par semaine et qui administrent un budget de 253 000 $. Le calcul est facile à faire puisque nous rejoignons, en moyenne 200 000 personnes par semaine avec notre budget. D'ailleurs, nous sommes les premiers surpris du résultat. Un sondage nous a montré que la plus grosse cote d'écoute que nous avons atteinte est de 205 000 personnes. Multipliez 200 000 personnes par 52 semaines et vous allez réaliser qu'ÉVANGÉLISATION 2000 rejoint beaucoup de gens. Je dois vous dire que c'est un risque fou, mais nous sommes convaincus que le Seigneur nous précède en Galilée et que c'est lui qui mène la barque d'ÉVANGÉLISATION 2000.

LES TÉMOIGNAGES

Depuis le mois de septembre 1997, ÉVANGÉLISATION 2000 est donc diffusé tous les dimanches matin à 11 h 00. En plus de l'enseignement de l'abbé Jean Ravary, les chants et la prière, nous recevons toujours une personne qui vient nous parler de sa foi, qui vient nous livrer son témoignage. Nous avons reçu deux évêques, soit Mgr André Gaumont, ancien président de l'Assemblée des évêques du Québec et Mgr Raymond Saint-Gelais, évêque de Nicolet. Nous avons reçu le pasteur protestant Georges Legault qui nous a livré un très beau témoignage d'œcuménisme. Nous avons aussi entendu le témoignage du pianiste Georges Tremblay qui est venu nous parler de sa foi. Georges est un ami, il s'implique beaucoup dans ÉVANGÉLISATION 2000. Il est avec nous depuis deux ans maintenant. Il est notre pianiste. Il a aussi, ça fait partie d'une autre de nos réalisations, enregistré trois disques laser. Il s'agit de trois disques religieux de très grande qualité. C'est une des caractéristiques d'ÉVANGÉLISATION 2000. Quand nous réalisons un projet semblable, nous engageons des professionnels. Quand c'est pour Jésus-Christ, on n'a pas à faire les choses à rabais. Nous avons reçu l'animateur de radio Gilles Proulx. Je l'aime bien lui, il sait où il s'en va. Nous avons aussi été invités, pour l'enregistrement de l'émission, chez Pierre Bruneau. Il nous livre un magnifique témoignage de sa foi.

NOTRE BULLETIN MENSUEL

Chaque mois, nous faisons parvenir à tous nos membres unis dans le Christ une lettre pour leur faire part de nos différentes démarches, des buts que nous avons atteints, de nos projets qui mijotent toujours . Ce bulletin, parce qu'il faut bien en parler, rappelle aux gens qu'il est toujours important et nécessaire de nous envoyer leur don. Personnellement, et on le verra dans le chapitre des finances d'ÉVANGÉLISATION 2000, je suis toujours très à l'aise de demander des dons aux gens. Notre œuvre ne peut pas vivre sans ces dons et comme nous le faisons dans un but d'évangélisation, je suis doublement à l'aise.

LES LIVRES

Depuis la naissance d'ÉVANGÉLISATION 2000, nous avons déjà publié cinq livres. Nous tenons à offrir aux gens des témoignages de foi et des facilités pour prier Jésus notre Seigneur. Dans les livres consacrés aux témoignages, nous avons édité un magnifique livre de l'abbé Jean Ravary, *Jésus est Vivant, je L'ai rencontré ;* le témoignage de Marguerite Gaudry, qu'on appelle affectueusement Margot, qui a écrit *Heureusement que Jésus est dans ma vie ;* et, *Condamné à mort, Dieu me tend la main,* d'André Doiron, l'histoire d'un homme qui a lutté contre bien des difficultés, dont une opération à cœur ouvert et qui a offert toutes ses souffrances à Dieu. Nous avons aussi édité *Le petit livre des prières de l'Église catholique,* écrit par l'abbé Guy Giroux ; *Satan,*

Père du mensonge, de Michel Côté et *Le pardon, un regard de tendresse du Père* de l'abbé Yvon Samson.

Puis, comme nous le disions auparavant, nous avons produit des disques laser de musique religieuse et des cassettes d'enseignement et de prières de l'abbé Jean Ravary.

LES PROJETS
D'ÉVANGÉLISATION 2000

Nous sommes fiers de nos réalisations, mais il ne faut pas s'arrêter là. ÉVAN-GÉLISATION 2000 a plein de projets en tête; certains projets sont déjà en formation comme notre site Web sur Internet, d'autres projets sont à plus long terme. Comme je le dis souvent, je suis un homme de défi et d'action.

INTERNET (http://www.evangelisation2000.qc.ca)

Nous avons déjà un site Web où nous offrons aux gens toutes les informations concernant ÉVANGÉLI-SATION 2000. Il s'agit d'un très beau site, avec de la musique. Nous avons été chanceux encore une fois. Nous avons rencontré un jeune homme d'une trentaine d'années, un «tripeux» d'ordinateur, qui nous a offert gratuitement de monter ce site. On peut trouver sur ce site des intentions de prières, des enseignements de Jean, des informations concernant l'œuvre. Aux cours des mois, le site va s'améliorer et grossir. Comme je le dis toujours, nous offrons une très grande qualité. Quand il s'agit de parler de Jésus, nous voulons offrir ce qu'il y a de mieux.

UNE REVUE POPULAIRE

Nous voulons aussi mettre sur le marché une revue populaire. Nous voulons faire une revue très sérieuse, toujours accessible au grand public. Je m'inspire de la revue *Decision* de Billy Graham pour mettre sur le marché notre propre magazine. À ÉVANGÉLISATION 2000, nous sommes motivés par une phrase de Billy Graham qui disait, avant la parution du premier numéro de *Decision*, édité en novembre 1960 : «Le but premier de ce magazine est en fait double. Il tend à donner une nourriture spirituelle aux chrétiens et à publier des messages et articles chrétiens, à atteindre les laïcs et à gagner les non croyants pour le Christ.»

Il y a plusieurs moyens de faire connaître la parole du Christ. ÉVANGÉLISATION 2000 utilise la télévision, nous avons des soirées d'évangélisation, nous aurons probablement une émission de radio d'ici peu de temps et le projet de notre revue sera un autre moyen de rejoindre les gens. Mais comme il s'agit d'un investissement assez important, il faut prendre notre temps. Nous voulons offrir un produit de qualité.

ÉVANGÉLISATION 2000 À TRAVERS LE MONDE

Parmi tous nos projets, nous voudrions aussi voir l'œuvre sortir des frontières du Québec. Il ne faut pas oublier qu'ÉVANGÉLISATION 2000 est une des seules œuvres catholiques francophones au monde qui utilise la télévision pour propager la parole de Dieu. Il est possible que nous étendions l'œuvre dans le monde francophone. Nous avons déjà établi des contacts dans d'autres pays francophones. Nous aimerions poursuivre l'œuvre, l'enseignement dans d'autres pays car le message de Jésus est universel. Avec un site Web, les contacts, les dialogues, sont beaucoup plus accessibles. Le projet de développer ÉVANGÉLISATION 2000 dans toute la francophonie est un projet à long terme, mais il faut regarder en avant, vers le futur, vers les années 2000.

Une foule de petits projets viendront se greffer à ces grands rêves. Il faut y aller lentement, avec sérénité. Je suis toujours motivé par la même passion, le même désir : faire connaître et aimer Jésus à plus de gens possible.

LE FONCTIONNEMENT
D'ÉVANGÉLISATION 2000

Comme vous venez de le constater en lisant les chapitres précédents, ÉVANGÉLISATION 2000 travaille fort à faire connaître la parole de Dieu. Pour rendre à terme autant d'idées et réaliser tous les projets qui nous trottent dans la tête, il nous faut toute une équipe et il nous faut aussi des moyens financiers. Il est très important de mettre au clair tout ce qui concerne les finances de cette œuvre. Il faudrait être dupe pour penser qu'ÉVANGÉLISATION 2000 peut fonctionner sans argent. Comme nous le disions, 52 émissions de télévision coûtent environ 500 000 $ par année. Cela ne comprend pas les frais de bureau, de téléphone, de poste, etc... Il faut trouver cet argent à quelque part et comme nous ne sommes subventionnés par aucun gouvernement et aucune organisation établie, il faut faire confiance à la Providence et à la générosité des gens.

LE FONCTIONNEMENT

Au tout début d'ÉVANGÉLISATION 2000, je n'avais aucune vie privée. On avait installé nos bureaux dans mon logement. Chaque matin, deux ou trois employés arrivaient dans mon petit logement pour travailler. Je n'avais même pas le droit d'être malade. Je ne dis pas que je ne recommencerais pas, mais je suis bien content qu'on ait pu trouver un local.

ÉVANGÉLISATION 2000 est installé au sous-sol du presbytère de l'église Saint-Anselme. Nous avons décidé consciemment de s'installer dans le quartier le plus pauvre de Montréal pour accomplir notre œuvre. Le curé de la paroisse de Saint-Anselme s'est montré très généreux en nous offrant ce sous-sol qui n'était presque pas utilisé.

Nous engageons six personnes à temps plein (je vous présenterai l'équipe un peu plus loin) et une dizaine de pigistes, en plus de recevoir l'aide de plusieurs bénévoles. Il faut dire que nous avons beaucoup de travail. Par exemple, nous devons, au début de chaque année, envoyer tous les reçus de dons pour fins d'impôt à nos donateurs. Nous devons aussi répondre à tous les gens qui nous écrivent ou qui nous appellent au téléphone. Vous ne le croirez peut-être pas, mais nous recevons au-delà de 200 lettres par jour. Nous lisons toutes ces lettres, nous tentons de répondre à toutes les lettres qui demandent réponse.

Il faut aussi planifier les émissions de télévision, organiser les soirées d'évangélisation, mettre nos projets en marche, organiser et tenir à jour notre comptabilité. Ce n'est pas une mince tâche, mais notre équipe est efficace, compétente et tellement dévouée.

LE FINANCEMENT

Dieu bénit celui qui donne avec joie. (Saint Paul)

On a tendance à oublier que le Christ, lors de son passage sur terre, a vécu des dons des gens. Parfois des gens sont choqués lorsque nous parlons d'argent. Mais qu'on le veuille ou non l'argent est un facteur important dans tous les ministères religieux. Saint Paul ne se gêne pas non plus pour parler de l'importance de l'aumône. Évidemment, il est d'une importance capitale de tout mettre en œuvre pour bien gérer les dons du public, et ce, avec transparence et intégrité. La plus grosse partie de notre financement vient de milliers de personnes qui croient que l'évangélisation est primordiale dans notre monde moderne. Beaucoup d'entre eux nous font parvenir un don mensuel. Pour maintenir le contact avec tous ces gens, nous écrivons une lettre à chaque mois afin de les informer de nos activités et nous leur demandons de nous porter dans la prière, car sans la prière, cette œuvre ne pourrait pas survivre. Nous les informons également de notre situation financière à chaque mois. Une autre chose est extrêmement importante, ce sont les dépenses. Notre conseil d'administration supervise le budget et toutes les dépenses sont surveillées avec sérieux et professionnalisme. Chaque dépense doit être vraiment nécessaire et doit être approuvée. Tout notre financement et nos livres sont vérifiés par une firme comptable indépendante. Nous tenons scrupuleusement à une transparence sans faille en tout ce qui concerne nos finances. Et quand vous faites affaire avec une firme comptable responsable, soyez assurés que ces gens ne sont pas intéressés à jouer avec les chiffres. Il en va de leur réputation et de la nôtre.

Nous sommes d'ailleurs extrêmement fiers de dire que tout l'argent que nous recevons ne sert qu'à l'évangélisation. Nos frais d'administration sont très bas car nous voulons que chaque sou donné généreusement serve à part entière à proclamer la Bonne Nouvelle. En payant les salaires des employés, les dépenses courantes, le financement de nos émissions de télévision et de toutes les autres activités que nous proposons, nous parvenons à boucler nos budgets, quelquefois très difficilement, mais on sait que Jésus nous précède.

N'allez pas croire que, par exemple, Jean Ravary ou moi recevons un salaire astronomique. Bien au contraire. Personnellement, je vis dans un appartement de quatre pièces et demi, tandis que Jean vit chez les religieuses. De toute façon, mon rêve n'a jamais été d'être riche, c'est bien loin de mes préoccupations. Si je voulais faire beaucoup d'argent, si mon but dans la vie était de devenir riche je ne m'impliquerais pas dans ÉVANGÉLISATION 2000.

Cela dit, il faut remercier les gens qui nous font des dons. Si notre œuvre est administrativement aussi saine, c'est que nous préférons recevoir des milliers de petits dons plutôt que de recevoir de très gros dons de quelques entreprises. Il est plus important d'être nombreux à donner, ça assure une plus grande vitalité et surtout, une plus grande durabilité.

En plus de recevoir des dons régulièrement à nos bureaux, nous organisons deux téléthons par année. L'an passé, notre téléthon nous a permis d'amasser près de 150 000 $. Comme nous n'avons pas les moyens de tenir l'antenne pendant 24 heures, nous utilisons notre émission du dimanche matin pour inciter les gens, deux fois par année, à nous téléphoner pour nous dire combien de sous ils nous feront parvenir. L'an dernier, nous avons reçu 2000 appels et Bell Canada nous a dit que nous avons dû en refuser 7000 parce que nous n'avions que 20 lignes téléphoniques pour répondre à la demande. Cette année, nous pourrons utiliser, grâce à un nouveau système, 38 téléphones. Nous ne remercierons jamais assez les gens. Cette œuvre est la leur et non la nôtre.

Personnellement, j'insiste toujours beaucoup sur les petits montants. Nous préférons recevoir un petit montant régulièrement. Je dis souvent aux gens, pendant notre émission de télévision que si les 200 000 personnes qui nous écoutent pouvaient nous envoyer seulement un dollar par mois, je ne leur parlerais plus jamais d'argent.

Il y a toujours des gens qui vont nous accuser de profiter du système. Je suis très sensible à la critique. Je dois me dire qu'il y a beaucoup plus de gens qui admirent ce que nous faisons qu'il y en a pour nous critiquer. Toutefois, je dis toujours aux gens que si ça les choque de donner des sous à ÉVANGÉLISATION 2000, je préfère qu'ils ne donnent rien. Saint Paul disait : *Dieu bénit ceux qui donnent dans la joie.* Et quand ça va mal financièrement, je parle à Jésus et je lui dis : «Nous faisons notre possible, fais ta part, toi aussi.» Et généralement, il se passe quelque chose. Le miracle se produit. Je peux vous dire que c'est très touchant de voir le Seigneur se manifester. Je suis maintenant convaincu que c'est son œuvre à lui. Nous ne sommes que ses serviteurs.

L'ÉQUIPE
Une œuvre comme ÉVANGÉLISATION 2000 ne pourrait pas exister sans le travail acharné et consciencieux des gens qui nous entourent et qui, jour après jour, dans la joie et le bonheur, viennent travailler au

sous-sol du presbytère de l'église de la paroisse de Saint-Anselme. Nous formons vraiment une belle équipe où chacun sait exactement ce qu'il a à faire et le fait avec conviction. J'insiste toujours sur le fait qu'il est important de travailler dans la joie. Comme je le disais un peu plus haut, nos employés à temps plein ne gagnent pas des fortunes, il ne faut pas que l'argent, le salaire, soit la première motivation. Naturellement, on a tous besoin de sous pour vivre, — «Tout ouvrier a droit à un salaire juste et équitable.» — mais notre désir d'aider les gens, de propager la Bonne Nouvelle de l'Évangile, de travailler en priant le Seigneur demeure notre motivation première.

HÉLÈNE FONTAYNE

Dans le chapitre consacré à notre œuvre, je vous parle de l'abbé Jean Ravary qui demeure notre prédicateur, celui qui, avec tellement de talent et de don de soi, peut enseigner la parole du Seigneur. Jean est la pierre angulaire de notre œuvre. Mais, pour que son enseignement soit bien diffusé, il faut être bien organisé. Notre doyenne, mon bras droit si on peut dire, est Hélène Fontayne. Bien des gens connaissent Hélène. Elle a longtemps animé une émission de radio avec Jacques Matti, *La Belle et la Bête,* et son expertise au niveau de notre émission de télévision est essentielle. Hélène est une femme expérimentée qui travaille pour nous à temps plein. Elle pense à tout, à tout ce que je peux oublier et plus nous allons progresser, plus Hélène prendra de la place à ÉVANGÉLISATION 2000. Elle me suit partout. Elle est excellente avec les cas délicats qui concernent le public. C'est la personne parfaite pour parler avec les gens. Comme j'ai un tempérament excessif et comme je veux toujours aller très vite, Hélène est capable de me dire des fois, surtout les lundis soirs quand nous discutons de nos projets, de bien regarder ce que je suis en train de faire. Sans me freiner inutilement, elle peut me replacer dans la bonne voie si elle croit que j'ai tendance à dévier.

MARINA LACHANCE

Originaire de la Beauce, Marina est la cadette d'une famille de neuf enfants. Elle possède la plus grande richesse, trois fils entre 15 et 20 ans. Elle possède aussi un grand trésor, sa foi en Dieu. L'abbé Jean Ravary fut son curé pendant de nombreuses années. C'est ainsi, qu'avec le cœur, elle était présente à la première soirée d'ÉVANGÉLISATION 2000 à Sherbrooke. Bénévole à maintes occasions par la suite, elle a vu se développer notre œuvre.

Du mois de février 1995 à février 1997, elle a eu le bonheur de travailler dans une résidence pour personnes âgées. Même si l'horaire de nuit n'était pas particulièrement facile, elle a su créer des liens privilégiés avec les résidants. Pourquoi a-t-elle quitté son emploi et travaille-t-elle à temps plein avec ÉVANGÉLISA-TION 2000 ? Trois raisons principales lui ont fait faire le saut vers notre œuvre. Premièrement, sa foi en Dieu providence, en ce Dieu vivant qui prend soin de ses petits enfants. Deuxièmement, sa confiance en l'équipe d'ÉVANGÉLISATION 2000 qui sait que Dieu seul mène la barque et finalement, son amour pour l'être humain en qui elle croit profondément. Douceur, paix, respect d'autrui, discrétion et compassion font partie de ses valeurs fondamentales. Elle sait que chaque personne a soif de Dieu. C'est en donnant sa petite miette qu'elle veut contribuer à l'évangélisation du peuple de Dieu. Marina s'occupe principalement du volumineux courrier que nous recevons. Au fil des ans, grâce à l'écriture, Marina a évolué aussi bien dans son cheminement de la vie que de la foi. Aujourd'hui, elle réaffirme sa foi en nous livrant des textes et des poèmes d'une pureté venant du cœur.

THÉRÈSE DUFOUR

Thérèse est notre comptable. Elle est très scrupuleuse en ce qui concerne l'argent. Elle nous dit souvent : «Je vais être fatiguante au niveau de l'argent, je veux savoir où vont les sous.» Il n'y a pas un cent qui lui passe dans les mains sans qu'elle ne sache d'où vient cet argent et où il va. C'est une femme d'une très grande compétence. Elle a administré des paroisses. Comme c'est elle qui est responsable, elle veut avoir une transparence limpide, claire. De toute façon, personne à part elle et la firme comptable qui vérifie nos chiffres ne touche à la comptabilité. Thérèse nous est indispensable et nous sommes très fiers de son travail.

CLAIRE JOLICŒUR

Claire, née à Disraëli en Estrie, a expérimenté plusieurs avenues avant de se retrouver avec ÉVANGÉLI-SATION 2000. Après avoir travaillé de nombreuses années dans diverses usines (couture et chocolat) et s'être intéressée à la musique folklorique, elle gagne le prix d'interprétation de chansons à répondre au premier festival de folklore des Cantons de l'Est en 1974. Les tournées folkloriques l'ont amenée un peu partout au Québec, en Ontario et même au-delà des frontières, jusqu'à Paris où la troupe se produisait à l'Olympia.

De présidente du Cercle de personnalité à l'initiatrice d'une chorale d'enfants dans un camping, Claire chante aussi avec les membres de l'orchestre populaire qu'elle a formé et débute sa carrière d'animatrice.

Pendant ce temps, l'Esprit la conduit au mouvement cursilliste qui, selon elle, l'a mise au monde.

Depuis, ses tâches consistent à chanter lors des funérailles, des mariages, des baptêmes et des célébrations eucharistiques, et d'accompagner le curé de la paroisse Saint-Charles-Garnier dans la préparation des sacrements de pardon et de communion auprès des enfants de l'école primaire. C'est lors de ces cérémonies que j'ai remarqué Claire et que je l'ai invitée à se joindre à l'équipe d'ÉVANGÉLISATION 2000. Travaillant dans l'ombre depuis plus de trois ans, son conjoint, Denis Jolicœur apporte aussi beaucoup par sa contribution bénévole partout où œuvre l'équipe. Claire est la première, avec Jean et moi, à avoir été présente à nos soirées et à la télévision.

KARINE

Karine ne travaille pas à temps plein pour nous, elle est à temps partiel, mais son apport est indispensable. C'est Karine qui travaille sur l'ordinateur. Elle est étudiante et elle s'occupe de tout l'aspect informatique de notre travail., les saisies de données et tout le reste. C'est un travail très important, voire essentiel pour l'œuvre, et Karine fait preuve d'un grand dévouement dans l'exécution de cette tâche. Par exemple, quand nous faisons parvenir aux gens des reçus pour fins d'impôt, il est important que tout soit en ordre, que «ça balance» et Karine y voit.

MARGUERITE GAUDRY

Margot, c'est la grand-maman d'ÉVANGÉLISA-TION 2000. C'est une bénévole de 76 ans qui a une santé spectaculaire. C'est elle qui, en gros, s'occupe du courrier, qui ouvre les lettres. Margot a une foi incroyable.

Tous les matins, elle ouvre le courrier, souvent plus de 200 lettres, et on la voit pleurer. Elle se met en prière pour tous ces gens qui, souvent, nous écrivent pour nous faire part de leurs difficultés. Mais pour Margot, ce n'est pas un travail. À cause des souffrances qu'elle voit, des tentatives de suicide, des femmes battues, elle pleure. C'est elle qui a le premier contact avec le public.

Son engagement l'aide à briser une certaine solitude et lui donne l'assurance qu'elle est encore utile. Toujours, elle remercie Dieu de lui donner une bonne santé qui lui permet de semer le bonheur autour d'elle. Avec émerveillement, elle s'abandonne avec confiance et amour dans les bras de Jésus et de Marie. Elle croit que ses prières sont exaucées, car elle se sait aimée du Dieu vivant.

Elle est consciente qu'ÉVANGÉLISATION 2000 nourrit des milliers de gens qui ont faim et soif de la parole de Dieu et espère continuer encore de nombreuses années. Pour elle, faire partie de l'équipe, c'est comme un regain de vie où sa foi, déjà si grande, est renouvelée.

GEORGES TREMBLAY

Tout le monde connaît Georges Tremblay, l'excellent pianiste. De tous les musiciens, compositeurs, arrangeurs et chefs d'orchestre que le Québec nous a fait connaître depuis plus de quarante ans, Georges est sans doute parmi les plus réputés. La renommée de Georges n'est pas l'effet du hasard ou d'une montée subite que d'autres ont connue pour retomber presque aussitôt dans l'oubli. La présence de cet homme orchestre et son rapport à la musique contemporaine ont marqué l'évolution de la musique populaire de qualité au Québec.

En 1960, Georges s'était éloigné de Dieu et de l'Église et n'avait pas mis les pieds dans une église depuis vingt ans. Un jour de Pâques, après la messe, le curé de la paroisse lui demande s'il ne pourrait pas rassembler une chorale pour lui et jouer l'orgue à la messe du dimanche, et surtout pour les grandes fêtes. Georges accepte et en même temps se lie d'amitié avec le curé Antoine qui s'aperçoit que Georges vit des moments difficiles. Georges se souviendra toute sa vie de la générosité et de l'humilité de cet homme qui lui fit connaître Dieu comme il ne l'avait jamais connu.

Georges s'est rendu compte que même s'il s'était éloigné de Jésus, Jésus ne l'avait jamais abandonné et attendait simplement le jour où Georges lui reviendrait. C'est à partir de ce moment-là que, tranquillement, la vie de Georges s'est transformée. Le décès d'Antoine a beaucoup marqué la vie de Georges ; il se sentait seul, ayant perdu son grand ami, son lien avec Dieu. Un jour, dans le studio où il enregistrait l'album de Claire Jolicœur pour ÉVANGÉLISATION 2000, je lui ai demandé s'il n'était pas intéressé à faire partie des soirées d'ÉVANGÉLISATION 2000. Quelques jours plus tard, devant une tasse de café, Georges acceptait de se joindre à nous.

En septembre 1996, Georges se joint donc à ÉVANGÉLISATION 2000 comme directeur musical en me disant qu'il avait finalement trouvé le moyen de remettre à Jésus une petite partie de tout ce qu'il lui avait donné. Par le biais d'ÉVANGÉLISATION 2000, avec ses doigts, ses crayons et le talent que Dieu lui a donné, Georges espère contribuer à rapprocher le plus possible de gens de Dieu, et ce, entouré de la fraternité et de l'amour qui existent dans cette belle famille qu'est ÉVANGÉLISATION 2000.

Jean Ravary, selon Georges, avec sa grande sagesse et sa grande humilité et surtout, à cause de l'amour que Jean témoigne à Jésus, vient continuer le travail d'Antoine, mais cette fois avec une immense paroisse de près de 200 0000 personnes et de ça, Georges est content. Il est maintenant en paix.

KEVIN, NOTRE AVENIR

Dans un chapitre précédent parlant des exclus, j'ai parlé de mon frère Denis. J'ai omis, volontairement de vous parler de son fils Kevin, un bambin de trois ans et demi. Kevin, c'est le rayon de soleil d'ÉVANGÉLISATION 2000. Il est important de parler de Kevin comme membre de notre équipe qui, comme je le dis souvent, forme une grande famille. Kevin, en plus d'être notre rayon de soleil est aussi notre avenir. Quand nous le regardons agir, quand nous le voyons grandir, tous les espoirs sont permis. Il fait vraiment partie de l'équipe, les gens le connaissent, tout le public le connaît. Il est à la télévision une fois par mois, on lui fait faire de petites choses. C'est finalement devenu la petite mascotte d'ÉVANGÉLISATION 2000. Kevin, nous-mêmes n'en revenons pas, a vraiment une vie spirituelle très impressionnante. Pour lui, Jésus est important. La plus belle expérience que nous avons vécue avec Kevin fut le jour où il a découvert la présence de Jésus dans le saint sacrement. Jamais personne ne lui avait parlé de ça. Pour lui, Jésus était sur la croix. À la fin de chaque soirée, quand Jean met l'hostie dans l'ostensoir, Kevin, quand il a vu ça, a demandé pour embrasser Jésus. Tout le monde pleurait, dont ma mère qui se trouvait dans le groupe. Jamais personne ne lui avait expliqué que l'ostensoir servait à accueillir Jésus. Il n'avait que trois ans à ce moment-là et aujourd'hui, à chaque fois que Kevin voit le saint sacrement, il vient embrasser Jésus. Les mots d'enfant sont tellement touchants aussi. Quand on demande à Kevin où est Jésus, il nous fait toujours signe, en mettant ses mains sur son cœur. Pour lui, Jésus est dans son cœur.

Voici pourquoi on dit que Kevin est notre rayon de soleil. Après chaque soirée d'évangélisation, Jean et moi allons dans la salle et donnons la main aux gens. Un soir, sans même qu'on lui demande, on voit le petit Kevin aller devant nous et donner la main à tout le monde. Comme il est petit, un monsieur ne le voyait pas. Il lui a donné un coup de poing sur le genou pour que le monsieur le remarque et lui donne la main. Kevin, c'est le petit de la grande famille d'ÉVANGÉLI-SATION 2000.

ET TOUS LES BÉNÉVOLES

Il serait trop long de nommer tous les bénévoles qui travaillent pour ÉVANGÉLISATION 2000. Toutefois il est très important de mentionner l'immense travail qu'ils accomplissent pour l'œuvre. Ce sont eux qui rendent possible le ministère d'ÉVANGÉLISA-TION 2000. Il y a des dizaines et des dizaines de bénévoles sans qui nous ne pourrions pas fonctionner. Ils sont vraiment essentiels au ministère.

LA PROVIDENCE

J'aimerais ici ouvrir un court chapitre sur l'importance de la Providence dans notre œuvre. Nous savons qu'ÉVANGÉLISATION 2000 est l'œuvre de Jésus, nous avons trop souvent des signes providentiels qui nous motivent, qui nous donnent un élan incroyable pour continuer notre travail. Quand je parle de signes providentiels, je parle d'une aide qui vient souvent nous prouver que Dieu nous écoute et qu'il nous appuie. C'est un miracle perpétuel.

J'ai parlé, dans un chapitre précédent, de la générosité d'un ami non croyant à l'époque qui, quand je suis sorti de ma courte retraite spirituelle à Saint-Benoit-du-Lac, m'a prêté 10 000 $, sans intérêt, sans même me fixer d'échéance, pour mettre sur pied ÉVANGÉLISATION 2000. À ce moment, je ne voyais pas dans ce geste un signe de la Providence, mais aujourd'hui, je suis certain que le Ciel m'envoyait un message.

J'ai aussi parlé de la générosité de TVA qui a accepté de produire notre émission sans même nous demander des comptes, sans même faire une étude de crédit, en se fiant uniquement à notre bonne foi. Dans le dur milieu des affaires, un tel geste est très rare. Dire à des gens d'affaires : «Si vous avez autant la foi que nous, ne vous inquiétez pas, on va vous payer» tient de la Providence. Il suffit de penser aussi à la générosité du curé de la paroisse de Saint-Anselme pour croire vraiment que nous recevons toujours un coup de main quand nous commençons à perdre espoir, à craindre que notre œuvre ne puisse trouver les moyens de s'en sortir.

J'aimerais donner un exemple qui montre, encore une fois, qu'ÉVANGÉLISATION 2000 reçoit toujours un coup de main du Seigneur.

Nous étions à la période de Noël, en 1997, nous avions de gros problèmes financiers. La seule chose qui nous reste à faire dans ces périodes difficiles, c'est de prier. On dit au Seigneur : «Bon bien, on a fait notre part, c'est à ton tour à nous aider.» Donc, juste à la période des Fêtes, il faut payer les factures même si c'est Noël, on reçoit un appel d'une femme qui laisse un message dans notre boîte vocale. Elle nous disait que c'était très important. Je l'ai donc rappelée l'après-midi et elle me dit que demain ÉVANGÉLISATION 2000 était pour recevoir un don très substantiel. Sur le coup, on n'y croit pas trop. Mais le lendemain, par courrier recommandé, on a en effet reçu le fameux chèque qui nous a permis de payer toutes nos factures, les comptes qui seraient demeurés en suspens si cette dame ne nous avait pas fait ce don.

Le lendemain, je l'ai rappelée pour la remercier mais aussi pour lui demander pourquoi elle agissait ainsi. Elle m'a dit que j'avais déjà dit à la télévision qu'il fallait donner selon nos moyens. «Pour moi, cette somme n'est pas énorme, m'a-t-elle raconté. Vous me faites tellement de bien quand je vous écoute que vous ne pouvez même pas vous imaginer ce que ça me fait. Je ne peux plus sortir, je suis âgée. Vous êtes comme ma famille, mes amis. Et surtout n'allez pas croire que je ne suis pas lucide.»

J'aime donner cet exemple pour expliquer que nous croyons vraiment à la Providence dans l'exercice de notre œuvre. Cette dame aurait pu nous donner un don à un moment où nos finances allaient assez bien. Mais elle est arrivée juste au bon moment, au moment où on pouvait tomber dans le désespoir et l'inquiétude. J'ai d'ailleurs demandé à cette femme pourquoi elle avait choisi ce moment-là pour nous faire parvenir son don et elle m'a dit qu'elle ne le savait pas, qu'elle avait pensé à ÉVANGÉLISATION 2000 et qu'elle avait simplement décidé de faire son don.

On ne peut pas être orgueilleux du succès d'ÉVANGÉLISATION 2000 parce qu'on se rend bien compte que nous ne sommes que des exécutants dans notre tâche, qu'il y a notre amour Jésus qui veille sur nous. Ce n'est pas nous qui menons. C'est lui, le Tout-Puissant.

CONCLUSION

Depuis trois ans, on a dit beaucoup de choses sur cette œuvre et sur ce phénomène d'évangélisation populaire.

On a inquiété les évêques, on a questionné les théologiens qui veulent tout mettre en formule et on a réalisé, à travers ces soirées et ces animations, que c'était l'Esprit saint qui voulait s'exprimer dans ces rassemblements, ces émissions, ces livres, ces cassettes et tous ces moyens d'aujourd'hui pour rejoindre le cœur du chrétien qui vit à l'aube du 21e siècle.

Jésus a encore de nombreuses choses à dire à son peuple. Il veut qu'on se rende compte, en l'Église, que l'an 2000 et le nouveau siècle seront là pour nous interpeller, pour donner sens et cohérence à notre vie grâce à son message qui sera dit et véhiculé à travers des moyens et une culture adaptés au présent du croyant. Durant notre passage sur la terre, nous aurons toujours à choisir entre le Bien et le Mal. Si vous choississez Jésus et sa parole, vous serez assurés de la vie éternelle. Si vous décidiez aujourd'hui de faire un voyage, vous prendriez le temps de vous procurer une carte routière afin de ne pas vous perdre et d'arriver à destination. Il en est de même avec notre vie terrestre. Notre carte routière nous est fournie gratuitement par Dieu, la Bible. Aujourd'hui, il est possible pour vous de choisir la vie éternelle... Vous n'avez qu'à opter pour Jésus qui est le Chemin, la Vérité et la Vie. Le Seigneur nous promet la joie, la paix et la vraie liberté des enfants de Dieu. Avec le Seigneur, nous n'avons pas besoin de toutes ces illusions que sont l'horoscope, les sciences occultes, les tireuses de cartes... Nous n'avons pas besoin de savoir notre avenir... car nous avons la parole de Dieu et avec lui, nous sommes assurés de connaître la vrai bonheur.

Je vous ai présenté ce livre pour vous donner une juste idée du message de Jésus que nous voulons proclamer, pour vous donner aussi une juste idée de notre fonctionnement. Un souci de transparence et de vérité nous transporte. Ce livre, je vous l'offre avec mon cœur, en sachant très bien que Jésus nous regarde et nous aide.

Nous nous dirigeons rapidement vers le 3ᵉ millénaire. Nous nous avançons vers l'an 2000 avec beaucoup d'espoir.

Mais au fond de tout cela... c'est essentiellement la grande aventure de l'Esprit saint et du Ressuscité qui se continue et qui bouleverse la vie et les cœurs.

Pour conclure, j'aimerais reprendre une phrase que Jean prononce quand il veut dire au revoir aux gens qui sont venus l'entendre lors des soirées d'évangélisation :

«Oubliez celui qui vous parle, mais n'oubliez pas Celui dont je vous ai parlé.»

DES LIVRES D'INTÉRÊT
RELIGIEUX

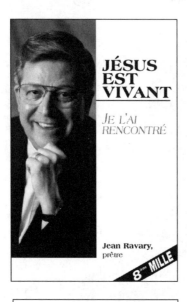

JÉSUS
EST
VIVANT

JE L'AI
RENCONTRÉ

Jean Ravary,
prêtre

8ème MILLE

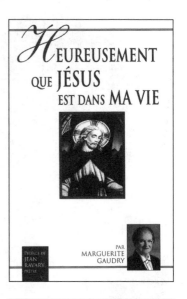

HEUREUSEMENT
QUE JÉSUS
EST DANS MA VIE

PAR
MARGUERITE
GAUDRY

PRÉFACE DE
JEAN
RAVARY,
PRÊTRE

PÈRE YVON SAMSON

Le
Pardon
Un regard de tendresse
du Père

ÉVANGÉLISATION
2000
Éditions Catholiques

Mourir en Vie

Préparation de ma mère
à ce grand rendez-vous
d'amour avec Dieu

Jean Ravary
prêtre

ÉVANGÉLISATION
2000
ÉDITION CATHOLIQUE